이패스 소방사관 동영상 강의
www.kfs119.co.kr

2025
소방공무원
시험대비

진수眞髓(가장 중요하고 본질적인)
소방학개론
최종 모의고사
저자 김진수

12회 분량의
실전 모의고사 수록

2024 최신 출제 및 반복 출제 대비
실제 시험과 같은 모의고사
문항별 명확한 해설 수록

epasskorea

머·리·말

안녕하세요! 소방관의 길을 꿈꾸는 예비 소방공무원 여러분들! 이패스 소방사관의 김진수입니다. "First In, Last Out"이라는 말을 들어보셨을 것입니다. 이는 소방공무원이 꿈인 모든 분들에게 익숙한 문구일 것입니다.

여러분들이 소방공무원을 꿈꾸며 그 길을 가고자 하는 헌신적인 마음을 존경합니다. 그래서 저도 여러분의 꿈을 더 빨리 이룰 수 있도록 도와드리고자 『김진수 소방학개론 최종모의고사』를 집필했습니다.
이 책은 「소방공무원 채용시험에 관한 예규」에 맞춰 작성되었습니다.

이 책은 다음과 같은 특징을 가지고 있습니다.

첫째, 기본에 충실한 문제
소방학개론 기본서를 충실히 학습했다면 충분히 해결이 가능합니다.

둘째, 최종 시험문제
각 회차의 문제가 시험문제라 생각하고 만들었습니다. 시험보기 전 마지막이라 생각하고 문제를 풀이하면 합격에 도움이 되도록 하였습니다.

셋째, 알찬 해설
각 회차 마다 정확한 해설로 문제를 이해하는데 많은 도움이 될 것입니다.

소방학개론은 소방공무원 시험에서 중요한 과목 중 하나로, 이를 이해하는 것은 합격에 필수적입니다. 그래서 이 책은 가능한 소방공무원 시험에 합격하기 위해 필요한 소방학개론 관련된 모든 주제를 다루고 있습니다.

이 책은 특히 실전 시험에 대비한 내용을 중점적으로 다루고 있습니다. 과거 시험에서 출제된 문제들을 바탕으로 각 회차마다 예상 문제와 함께 핵심 내용을 집중적으로 다루고 있습니다. 또한 각 회차마다 공부한 내용을 실전에서 얼마나 잘 활용할 수 있는지 확인할 수 있습니다.

마지막으로, 이 책은 소방공무원 시험에 대비하여 독자들이 효율적으로 시험 대비를 할 수 있도록 구성되었습니다. 이 책을 통해 소방공무원 시험에 대한 자신감을 키우고, 합격에 큰 도움이 되기를 바랍니다. 함께 멋진 소방관으로서의 꿈을 이루는 데 성공하길 기원합니다!

2024년 10월
저자 김진수

소방학개론 출제 범위(제3조 관련)

분 야		내 용
소방조직	1) 소방조직	- 소방의 발전 과정 - 소방행정체제와 기능 및 책임 - 소방조직관리의 기초이론 - 소방자원관리(인적, 물적, 재정적 자원관리 개요) - 민간 소방조직의 종류와 역할
	2) 소방기능	- 화재의 예방·경계·진압·조사활동　　- 소방시설의 설치유지 및 안전관리 - 위험물 안전관리　　- 구조·구급 행정관리와 구조·구급 활동 - 재난대응활동 등 소방조직 및 소방기능 관련 내용
재난관리	1) 재난 및 재난관리의 개념	- 재난의 특징과 유형　　- 재난관리의 개념과 단계별 관리사항
	2) 우리나라의 재난관리 (재난 및 안전관리기본법)	- 안전관리기구 및 기능　　- 긴급구조 - 안전관리계획, 예방, 대비, 응급대책, 복구, 재정 및 보상 등 재난관리 관련 내용
연소이론	1) 연소개요 등	- 연소 반응식과 에너지 수지　　- 연소의 조건 및 형태 - 발화의 조건 및 과정
	2) 연기 및 화염	- 연기의 정의　　- 연소 가스 - 화염의 형태 및 열방사　　- 열전달 방식 등 연소 관련 내용
	3) 폭발개요 및 분류	- 폭발의 조건　　- 화학적 폭발 (물리적 폭발과 개념 구분) - 기상 폭발과 응상 폭발　　- 폭연과 폭굉 - 가스·분진·분해 폭발　　- BLEVE 등 폭발 관련 내용
화재이론	1) 화재의 정의 및 분류	- 화재의 정의 - 화재의 종류와 종류별 기본 소화 방법
	2) 건물화재의 성상	- 화재의 진행단계별 특성 - 특수현상(플래시오버, 백드래프트 등)과 대처법
	3) 위험물화재의 성상	- 위험물의 류별(제1류~제6류) 특성과 소화방법 - 보일오버 등 위험물 화재의 특수 현상과 대처법
	4) 화재조사	- 화재조사의 개요(목적, 방법, 절차 등) - 화재 원인 및 피해 조사 기초 등 화재 관련 내용
소화이론	1) 소화 원리	- 소화의 기본 원리(방법) - 소화 방법(냉각·질식·제거·부촉매 효과)별 소화 수단
	2) 소화약제	- 소화약제 소화원리의 종류와 특성 및 소화원리
	3) 소방시설	- 소화설비의 종류와 작동 원리　　- 경보설비의 종류와 작동 원리 - 피난설비의 종류와 사용법　　- 소화용수설비의 종류와 사용법 - 소화활동설비의 종류와 사용법 등 소화 관련 내용 ※ 소방시설의 구체적 설치기준 제외

출제경향분석

최근 6개년 출제 현황

출제파트(챕터)		19년	20년	21년	22년	23년	24년	계	비중
Ⅰ 연소이론	연소반응식과 에너지 수지	1			1			1	1%
	연소의 조건 및 형태	1	2	2	3	2	4	13	12%
	발화의 조건 및 과정	1		1	1		1	3	3%
	연기의 정의		1	1				2	2%
	연소가스	1				1		1	1%
	화염의 형태 및 열방사								
	열전달 방식 등						1	1	1%
	폭발의 조건								
	화학적 폭발과 물리적 폭발 개념구분		1			1		2	2%
	기상 폭발과 응상 폭발								
	폭연과 폭굉					1	1	2	2%
	가스 폭발·분진 폭발·분해 폭발				1	1	1	3	3%
	BLEVE 등 폭발 관련 내용				1		1	2	2%
Ⅱ 화재이론	화재의 정의 및 분류	1	1			1	2	4	4%
	건물 화재의 진행단계별 특성	1	2	1	1	2	1	7	6%
	특수현상(Flash Over, Back Draft)과 대처법			1		1	2	4	4%
	위험물 유별(제1류~제6류) 특성과 소화방법	3	2	1	2	2	2	9	8%
	건축물의 방화계획								
	화재조사의 개요(목적, 방법, 절차 등)		1		1			2	2%
	화재원인 및 피해조사 기초			1	1	1		3	3%
Ⅲ 소화이론	소화의 기본원리(방법)			1				1	1%
	소화방법별 소화수단(제거·질식·냉각·부촉매 효과)		1	1		1		3	3%
	소화약제 - 물 소화약제		1	1				2	2%
	소화약제 - 포 소화약제		1		2	1	1	5	5%
	소화약제 - 이산화탄소 소화약제	1				1		1	1%
	소화약제 - 분말 소화약제	1				1		1	1%
	소화약제 - 할로겐화합물 및 불활성기체 소화약제	1			1	1		2	2%
	소방시설 - 소화설비의 종류와 작동원리	2	2	2	2	2		8	7%
	소방시설 - 경보설비의 종류와 작동원리					1	2	3	3%
	소방시설 - 피난구조설비의 종류와 사용법				1			1	1%
	소방시설 - 소화용수설비의 종류와 사용법								
	소방시설 - 소화활동설비의 종류와 사용법	1				1		1	1%
Ⅳ 재난관리	재난의 특징과 유형				1	1	1	3	3%
	재난관리의 개념과 단계별 관리상황	1				1		1	1%
	우리나라의 재난관리(예방·대비·대응·복구)	2	3	3	2		1	9	8%
Ⅴ 소방조직	소방의 발전과정	1	1	1		1	2	5	5%
	소방행정체제와 기능 및 책임		1					1	1%
	소방조직관리의 기초이론				1			1	1%
	소방자원관리(인적·물적·재정적)								
	민간소방 조직의 종류와 역할								
	화재의 예방·경계·진압·조사활동	1				1		1	1%
	소방시설의 설치·유지 및 안전관리								
	위험물 안전관리						1	1	1%
	구조·구급 행정관리와 구조·구급 활동								

연도별 시험 난이도 및 총평

2021년 소방공무원 시험은 전체적으로 난이도가 상향되었습니다. 특히 선택지의 지문이 난해해져서 수험생들이 문제를 푸는 데 많은 시간이 소요되었습니다. 이로 인해 다른 과목에도 영향을 줄 수 있다고 생각됩니다. 합격을 위해서는 보통 75~80점대 정도면 충분할 것으로 예상됩니다. 따라서 앞으로 시험을 준비하는 수험생들은 기본서에 충실해야 합니다. 너무 지엽적으로 공부하기보다는 기본적인 내용을 중심으로 공부하는 것이 중요합니다.

2022년 소방공무원 시험은 이전 시험들과 비교해 난이도가 상당히 올라갔습니다. 필수과목으로 변경된 첫 시험이었을 뿐만 아니라, 완전연소 반응식과 이상기체 상태방정식을 활용한 계산 문제 등에서 큰 어려움이 있었습니다. 서술형 문제도 전문적인 내용을 다루어 기본적인 사항보다는 더 높은 수준의 이해가 요구되었습니다. 계산 문제는 자격증 시험을 볼 때와 유사한 난이도로 소수점까지 활용해야 하는 부분도 있었습니다. 이러한 문제들은 소방사 수준 이상의 지식이 필요한 것처럼 느껴졌습니다.

2023년 소방공무원 시험은 전체적인 과목 개편과 문항 수 조절(25문항), 필기시험 부분의 비중이 50%로 낮아지면서 난이도가 조절된 것으로 보입니다. 하지만 이로 인해 난이도가 낮아진 것은 아닙니다. 기본적인 내용을 이해하지 못하면 여전히 어려운 문제를 해결하기 어려울 수 있습니다. 문제 유형은 전체적으로 종전에 출제되던 형태와 유사하며, 상자형 문제가 다수 출제되었습니다. 소방사 시험 출제 수준은 소방업무를 수행하는 데 필요한 기본적인 능력과 지식을 검정하는 것이며, 올해 시험 수준이 내년에도 비슷할 것으로 예상됩니다.

2024년 소방공무원 시험의 난이도는 전년에 비해 크게 높아진 것으로 보이지 않습니다. 서술형 문제는 대체로 괜찮았지만, 일부 계산 문제는 난이도가 높아 고민을 초래했을 것으로 예상됩니다. 문제 유형은 종전에 출제되던 형태와 유사하며, 〈보기〉를 제시하고 여러 가지를 고르는 상자형 문제가 다수 출제되었습니다. 문제 수준은 소방사 시험에 적합한 수준이었지만, 일부 계산 문항은 상당한 어려움을 주었습니다. 내년 시험 역시 이번 시험과 비슷한 수준으로 예상되며, 소방학개론을 학습할 때는 새로운 공식을 포함하여 기본서의 원리를 충실히 이해하고 심화학습, 기출문제풀이, 단원별 문풀, 최종 모의고사 그리고 총정리까지의 과정을 수행하는 것이 중요할 것입니다.

학습방법

효율적인 학습방법

【1단계】 소방학개론 기초 내용 둘러보기

소방학개론에 대한 전반적인 내용을 간단하게 알아보는 과정입니다. 이 과정은 본격적인 학습에 앞서 소방학개론의 주요 주제와 내용을 살펴보며, 큰 그림을 파악하는 데 도움을 줍니다. 이 과정은 부담 없이 시작할 수 있도록 설계되었으며, 동영상 강좌로 제공되어 짧은 시간 안에 전체 내용을 확인할 수 있습니다. 둘러보기 과정을 통해 소방학개론의 주요 주제인 화재의 발생 원리, 소방 시스템 및 장비, 소방 기술 등에 대한 기본 개념을 이해할 수 있습니다. 또한, 강의를 통해 실제 사례나 사진 등을 통해 시각적으로도 이해를 돕는 다양한 자료가 제공됩니다.

이 과정을 통해 소방학개론에 대한 기본적인 이해를 바탕으로 본격적인 학습에 임할 수 있으며, 소방공무원으로의 꿈을 향한 첫 걸음을 내딛을 수 있습니다.

【2단계】 소방학개론 기본 내용으로 돌입하기

본 기본 과정은 시험 대비에 있어서 매우 중요한 부분입니다. 이 과정은 시험 출제 부분과 출제 경향에 맞게 구성된 본 교재를 바탕으로 최소 2회독을 목표로 공부하는 것이 효과적입니다. 너무 서두르지 말고 천천히 기본서 내용을 정리하는 단계로, 소방조직과 재난관리 부분은 암기를 중점적으로 학습해야 합니다.

특히 연소이론, 화재이론, 소화이론 부분에는 집중적으로 시간을 투자해야 합니다. 연소이론은 연소의 정의뿐만 아니라 열, 연기, 연소가스 등 다양한 물질에 대한 내용 및 폭발 관련 내용을 이해해야 합니다. 화재이론은 화재의 분류와 건축물화재 성상, 위험물화재의 성상 등을 학습하는 부분으로, 이해를 바탕으로 학습해야 합니다. 마지막으로 소화이론은 소화원리, 소화약제, 소방시설 등을 학습하는데, 이 또한 원리의 이해를 기반으로 학습해야 합니다.

이러한 과정을 통해 소방학개론을 이해하며 학습하는 것이 중요합니다. 기본 과정의 동영상 강좌도 48강으로 구성되어 있어, 계획에 맞춰 효율적으로 학습할 수 있습니다. 함께 본 교재와 강의를 활용하여 준비에 최선을 다해보시기를 권장합니다.

2025 진수眞髓 소방학개론 최종 모의고사

【3단계】 소방학개론 심화 및 문제풀이

이전에 학습한 내용을 보다 심도 있게 다루고 문제를 푸는 연습을 하는 시기입니다. 이전 단계에서는 소방학개론의 기본 개념을 소개하고 주요 주제를 살펴보았습니다. 이제는 그 개념들을 바탕으로 더 깊이 있는 내용을 다루고 문제를 해결하는 방법을 익히는 단계입니다.

또한, 실제 시험과 유사한 형식의 문제들을 풀어보면서 이론을 실전에 적용하는 연습을 할 수 있습니다. 문제를 푸는 과정에서 이론을 어떻게 적용해야 하는지를 배우고, 문제 해결 능력을 향상시키는 것이 이 과정의 목표입니다.

시험 대비를 위해서는 이러한 문제 풀이 연습이 매우 중요합니다. 어떤 문제가 출제될지는 미리 예측하기 어렵지만, 과거의 경험을 토대로 유사한 유형의 문제들을 풀어보고 반복 연습하는 것이 도움이 될 것입니다. 따라서 이 과정을 통해 문제 해결 능력을 향상시키고 실전에 대비할 수 있도록 노력해보세요.

【4단계】 소방학개론 기출 및 총정리

본 과정은 시험에 대비한 마지막 단계로서, 그 동안 출제되었던 기출문제를 풀어보며 소방학개론을 전반적으로 마무리하는 과정입니다. 기출문제를 풀며 소방학개론의 내용을 다시 한 번 정리하고 복습하는 시간이기도 합니다. 이는 새로운 정보의 입력이 아닌, 기존의 내용을 점검하고 기억을 되새기는 과정입니다. 중요한 점은, 각자의 처한 여건에 맞추어 전략적인 계획 하에 학습을 진행하고, "나는 합격한다"는 신념을 가지고 꾸준히 노력하는 것입니다. 억지로 하는 공부가 아니라 자신의 열정과 의지를 바탕으로 한 수험생활이 핵심입니다. 모두가 열정적인 수험생이 되어 자신의 꿈을 이루길 바랍니다. 함께 힘을 모아 최종 목표인 합격을 향해 나아가길 기원합니다.

좀 더 자세한 내용 및 수험정보 등은 당사 홈페이지 (www.kfs119.co.kr) 참조

차·례

PART 01 최종모의고사 문제편

제1회 소방학개론 최종모의고사 ·· 12

제2회 소방학개론 최종모의고사 ·· 20

제3회 소방학개론 최종모의고사 ·· 28

제4회 소방학개론 최종모의고사 ·· 36

제5회 소방학개론 최종모의고사 ·· 44

제6회 소방학개론 최종모의고사 ·· 52

제7회 소방학개론 최종모의고사 ·· 60

제8회 소방학개론 최종모의고사 ·· 68

제9회 소방학개론 최종모의고사 ·· 76

제10회 소방학개론 최종모의고사 ·· 84

제11회 소방학개론 최종모의고사 ·· 91

제12회 소방학개론 최종모의고사 ·· 98

PART 02 정답 및 해설

제1회 소방학개론 최종모의고사 정답 및 해설 ·············· 108

제2회 소방학개론 최종모의고사 정답 및 해설 ·············· 116

제3회 소방학개론 최종모의고사 정답 및 해설 ·············· 123

제4회 소방학개론 최종모의고사 정답 및 해설 ·············· 133

제5회 소방학개론 최종모의고사 정답 및 해설 ·············· 142

제6회 소방학개론 최종모의고사 정답 및 해설 ·············· 151

제7회 소방학개론 최종모의고사 정답 및 해설 ·············· 160

제8회 소방학개론 최종모의고사 정답 및 해설 ·············· 169

제9회 소방학개론 최종모의고사 정답 및 해설 ·············· 177

제10회 소방학개론 최종모의고사 정답 및 해설 ·············· 184

제11회 소방학개론 최종모의고사 정답 및 해설 ·············· 187

제12회 소방학개론 최종모의고사 정답 및 해설 ·············· 193

소방공무원은 이패스 소방사관
www.kfs119.co.kr

2025 진수眞髓: 가장 중요하고 본질적인
소방학개론 최종모의고사

진수眞髓: 가장 중요하고 본질적인
소방학개론 최종 모의고사

소방학개론 최종모의고사

01 다음 기체 가연물 중 위험도가 가장 큰 것은?

① 수소(4 ~ 75%)
② 아세틸렌(2.5 ~ 81%)
③ 부탄(1.8 ~ 8.4%)
④ 일산화탄소(12.5 ~ 74%)

02 화재 시 이산화탄소를 사용하여 화재를 진압하려고 할 때 실내 이산화탄소의 농도를 30[vol%]로 하여 화재를 진압하면 공기 중의 산소의 농도는 약 몇[vol%]인가?(공기 중의 산소 농도[%]는 20% 로 한다.)

① 11
② 12
③ 13
④ 14

03 119구급대가 구급 출동요청을 거절할 수 있는 경우가 아닌 것은?

① 단순 치통환자
② 감기로 인해 섭씨 38도 이상의 고열 또는 호흡곤란이 있는 경우
③ 단순 열상(裂傷) 또는 찰과상(擦過傷)으로 지속적인 출혈이 없는 외상환자
④ 만성질환자로서 검진 또는 입원 목적의 이송 요청자

04 「재난 및 안전관리 기본법」상 응급조치 사항 중 시·도긴급구조통제단장 및 시·군·구긴급구조통제단장이 할 수 있는 응급조치 사항을 모두 고른 것은?

> ㄱ. 경보의 발령 또는 전달이나 피난의 권고 또는 지시
> ㄴ. 재난예방에 따른 안전조치
> ㄷ. 진화에 관한 응급조치
> ㄹ. 피해시설의 응급복구 및 방역과 방범, 그 밖의 질서 유지
> ㅁ. 긴급수송 및 구조 수단의 확보
> ㅂ. 급수 수단의 확보, 긴급피난처 및 구호품의 확보
> ㅅ. 현장지휘통신체계의 확보

① ㄱ, ㄷ, ㅁ
② ㄴ, ㄹ, ㅂ
③ ㄷ, ㅁ, ㅅ
④ ㄹ, ㅂ, ㅅ

05 혼합기체가 연소 시 가스의 공급 압력이 연소속도 보다 느리고, 노즐이 커지면 나타날 수 있는 이상현상은?

① 역화
② 선화
③ 블로우 오프
④ 황염

06 펌프의 토출관에 압입기를 설치하여 포 소화약제 압입용 펌프로 포 소화약제를 압입시켜 혼합하는 방식은?

① 프레져사이드 프로포셔너방식
② 라인 프로포셔너방식
③ 프레져 프로포셔너방식
④ 펌프 프로포셔너방식

07 「위험물 안전관리법」상 위험물 운반 시 혼재가 가능한 것으로 바르게 짝지어진 것만 고른 것은?

ㄱ. 염소산염류 – 황린	ㄴ. 마그네슘 – 나이트로화합물
ㄷ. 금속의 인화물 – 클레오소트유	ㄹ. 질산에스터류 – 과산화수소
ㅁ. 다이크로뮴산염류 – 과염소산	

① ㄱ, ㄴ, ㄷ ② ㄴ, ㄷ, ㄹ
③ ㄴ, ㄷ, ㅁ ④ ㄷ, ㄹ, ㅁ

08 「재난 및 안전관리 기본법」상 중앙안전관리위원회에 관한 사항이다. 바르게 설명한 것만 고른 것은?

ㄱ. 국무총리 소속으로 중앙안전관리위원회(이하 "중앙위원회"라 한다)를 둔다.
ㄴ. 재난사태의 선포에 관한 사항 및 특별재난지역의 선포에 관한 사항 등을 심의한다.
ㄷ. 중앙위원회의 위원장은 국무총리가 되고, 위원은 대통령령으로 정하는 중앙행정기관 또는 관계 기관·단체의 장이 된다.
ㄹ. 국가핵심기반의 지정에 관한 사항 및 재난 및 안전관리기술 종합계획 등을 심의한다.
ㅁ. 중앙위원회에 간사 1명을 두며, 간사는 행정안전부의 재난안전관리사무를 담당하는 본부장이 된다.

① ㄱ, ㄴ, ㄷ ② ㄱ, ㄴ, ㄹ
③ ㄴ, ㄷ, ㄹ ④ ㄷ, ㄹ, ㅁ

09 「소방공무원법」상 임용권자에 관한 사항이다. 소방령의 전보, 소방정의 강등, 소방준감의 복직에 대한 임용권자는 누구인가?

① 대통령 ② 국무총리
③ 소방청장 ④ 행정안전부장관

10 「재난 및 안전관리 기본법」상 재난 현장에서의 긴급구조 현장지휘에 관한 사항이다. 현장지휘 사항으로 바른 것만 고른 것은?

> ㄱ. 재난현장에서 인명의 탐색·구조
> ㄴ. 재난관리 책임기관의 인력·장비의 배치와 운용
> ㄷ. 추가 재난의 방지를 위한 응급조치
> ㄹ. 재난관리 주관기관 및 자원봉사자 등에 대한 임무의 부여
> ㅁ. 사상자의 응급처치 및 의료기관으로의 이송
> ㅂ. 긴급구조에 필요한 물자의 관리

① ㄱ, ㄴ, ㄷ, ㄹ
② ㄱ, ㄷ, ㅁ, ㅂ
③ ㄴ, ㄷ, ㄹ, ㅂ
④ ㄷ, ㄹ, ㅁ, ㅂ

11 「재난 및 안전관리 기본법 시행령」상 긴급구조지휘대 구성·운영 등에 관한 사항이다. 다음 중 긴급구조지휘대의 구성에 해당하지 않는 사람은 누구인가?

① 현장지휘요원
② 자원지원요원
③ 구조진압요원
④ 상황조사요원

12 다음 설명 중 옳지 않은 것만 고른 것은?

> ㄱ. 세종 8년 6월(1426년 6월) 공조에 금화도감을 설치하였는데 이는 우리나라 최초의 소방관서이다.
> ㄴ. 1895년 경무청 처무세칙에서 "수화(水火), 소방(消防)은 난파선 및 출화(出火), 홍수(洪水) 등에 관계하는 구호에 관한 사항"으로 업무성격을 규정하였는데 여기에서 처음으로 소방이라는 용어를 사용하게 되었다.
> ㄷ. 1928년 종로에 우리나라 최초의 소방서인 경성 소방서가 설치되었다
> ㄹ. 1962년 서울과 부산에 첫 소방본부가 설치되어 자치소방체제를 유지하였으며, 기타 나머지 시·도는 정부수립시기와 같은 국가소방체제를 유지하는 이원적 소방행정체제가 시행되었다.
> ㅁ. 2020년 4월 국가소방공무원과 지방소방공무원으로 구분되어 있던 소방공무원의 계급체계를 일원화하고, 소방공무원의 계급을 종전의 국가소방공무원의 계급과 동일하게 소방총감, 소방정감, 소방감 등으로 구분하였다.

① ㄱ, ㄴ, ㄷ
② ㄱ, ㄷ, ㄹ
③ ㄴ, ㄷ, ㄹ
④ ㄴ, ㄹ, ㅁ

13. 「위험물 안전관리법」상 위험물은 그 운반용기의 외부에 위험물의 품명, 수량 등을 표시하여 적재하여야 한다. 다음 중 운반 용기에 표시하여야 하는 사항을 모두 고른 것은?

> ㄱ. 위험물의 품명
> ㄴ. 위험등급
> ㄷ. 화학명 및 수용성("수용성" 표시는 제4류 위험물로서 수용성인 것에 한한다)
> ㄹ. 위험물의 수량
> ㅁ. 수납하는 위험물에 따른 주의사항

① ㄱ, ㄴ
② ㄱ, ㄴ, ㄷ
③ ㄱ, ㄴ, ㄷ, ㄹ
④ ㄱ, ㄴ, ㄷ, ㄹ, ㅁ

14. 「재난 및 안전관리 기본법」상 특별재난지역의 선포에 대한 사항이다. 빈 칸에 적당한 말을 순서대로 바르게 나열한 것은?

> (㉠)은 대규모의 재난이 발생하여 국가의 안녕 및 사회질서의 유지에 중대한 영향을 미치거나 피해를 효과적으로 수습하기 위하여 특별한 조치가 필요하다고 인정하거나 지역대책본부장의 요청이 타당하다고 인정하는 경우에는 (㉡)의 심의를 거쳐 해당 지역을 특별재난지역으로 선포할 것을 (㉢)에게 건의할 수 있다.

	㉠	㉡	㉢
①	중앙재난안전대책본부장	중앙소방기술심의위원회	대통령
②	국무총리	중앙안전관리위원회	대통령
③	중앙재난안전대책본부장	중앙안전관리위원회	대통령
④	행정안전부장관	중앙소방기술심의위원회	국무총리

15. 분말 소화약제의 입자의 미세도와 소화능력과의 관계를 바르게 설명한 것은 어느 것인가?

① 분말 입자의 크기와 소화능력은 아무 관계없다.
② 분말 입자가 크기가 클수록 소화효과가 증대된다.
③ 분말 입자의 크기가 미세할수록 소화효과가 증대된다.
④ 분말 입자의 크기가 너무 미세하거나 너무 클수록 소화효과가 떨어진다.

16 표면온도가 350[℃]인 전기히터의 표면온도를 750[℃]로 상승시킬 경우, 복사에너지는 처음보다 약 몇 배로 상승되는가?

① 1.64
② 2.14
③ 4.58
④ 7.27

17 화씨 95도를 캘빈(Kelvin)온도로 나타내면 몇 K 인가?

① 178K
② 252K
③ 308K
④ 368K

18 건물 내에서 화재가 발생하여 실내온도가 20[℃]에서 600[℃]까지 상승했다면 온도상승만으로 건물 내의 공기부피는 처음의 약 몇 배 정도 팽창하는가?(단, 화재로 인하여 압력의 변화는 없다고 가정한다.)

① 3
② 9
③ 15
④ 30

19 화재 시 발생하는 연기(smoke)에 대한 설명으로 옳지 않은 것은?

① 연기의 수직 이동속도는 수평 이동속도보다 빠르다.
② 연기의 감광계수가 증가할수록 가시거리는 짧아진다.
③ 중성대는 실내 화재 시 실내와 실외의 온도가 같은 면을 의미한다.
④ 굴뚝효과는 건축물의 내부와 외부의 온도차에 의해 내부의 더운 공기가 상승하는 현상이다.

20 위험물의 종류에 따른 소화 방법으로 옳지 않은 것은?

① 제1류 위험물인 알칼리금속의 과산화물은 물을 사용한다.
② 제2류 위험물인 마그네슘은 건조사를 사용한다.
③ 제3류 위험물인 알킬알루미늄은 건조사를 사용한다.
④ 제4류 위험물인 알코올은 내알코올포(泡, foam)를 사용한다.

21 물 소화약제 첨가제 중 주요 기능이 물의 표면장력을 작게 하여 심부화재에 대한 적응성을 높여 주는 것은?

① 부동제　　　　　　　　　　② 증점제
③ 침투제　　　　　　　　　　④ 유화제

22 화재진압 시 주수소화에 적응성 있는 위험물로 옳은 것은?

① 황화인　　　　　　　　　　② 질산에스터류
③ 유기금속화합물　　　　　　④ 알칼리금속의 과산화물

23 「재난 및 안전관리 기본법」상 재난관리기금의 적립에 대한 부분이다. ( )안에 들어갈 내용으로 옳은 것은?

> ▶ (ㄱ)는(은) 재난관리에 드는 비용에 충당하기 위하여 (ㄴ) 재난관리기금을 적립하여야 한다.
> ▶ 재난관리기금의 (ㄴ)도 최저적립액은 최근 (ㄷ)년 동안의 「지방세법」에 의한 보통세의 수입결산액의 평균연액의 (ㄹ)분의 1에 해당하는 금액으로 한다.

	ㄱ	ㄴ	ㄷ	ㄹ
①	재난관리책임기관	매년	1	50
②	지방자치단체	3년	3	100
③	재난관리책임기관	3년	5	50
④	지방자치단체	매년	3	100

24 소화 방법에 대해 옳은 설명만을 모두 고른 것은?

> ㄱ. 질식소화는 일반적으로 공기 중 산소 농도를 낮추어 소화하는 방법을 말한다.
> ㄴ. 냉각소화가 가능한 약제로는 물, 강화액, 이산화탄소, 할론 등이 있다.
> ㄷ. 피복소화는 비중이 물보다 큰 비수용성 유류화재 시 무상주수하여 소화하는 방법을 말한다.
> ㄹ. 억제(부촉매)소화는 가스화재 시 가스공급을 차단하여 소화하는 방법을 말한다.

① ㄱ, ㄴ
② ㄱ, ㄴ, ㄷ
③ ㄴ, ㄷ, ㄹ
④ ㄱ, ㄴ, ㄷ, ㄹ

25 고층건축물에서 연기유동을 일으키는 요인을 모두 고른 것은?

> ㄱ. 복사효과   ㄴ. 바람에 의한 압력차
> ㄷ. 굴뚝효과   ㄹ. 공기조화설비의 영향

① ㄱ, ㄴ
② ㄱ, ㄷ
③ ㄴ, ㄷ, ㄹ
④ ㄱ, ㄴ, ㄷ, ㄹ

제2회 소방학개론 최종모의고사

01 민간 소방조직의 설치에 관한 설명으로 옳지 않은 것은?
① 주유취급소에는 위험물안전관리자를 선임해야 한다.
② 소방안전관리대상물에는 소방안전관리자를 선임해야 한다.
③ 소방업무를 체계적으로 보조하기 위해 의용소방대를 설치한다.
④ 제4류 위험물을 저장·취급하는 제조소에는 반드시 자체 소방대를 설치해야 한다.

02 화재예방, 소방활동 또는 소방훈련을 위하여 사용되는 소방신호에 해당하는 것은?
① 대응 신호 ② 경계 신호
③ 복구 신호 ④ 대비 신호

03 우리나라 소방의 발전과정에 대한 설명 중 옳지 않은 것은?
① 최초의 소방관서는 금화도감이다.
② 일제강점기에 최초의 소방서가 설치되었다.
③ 갑오개혁 이후 '소방'이라는 용어를 처음 사용하였다.
④ 대한민국 정부수립과 동시에 소방본부가 설치되었다.

04 제5류 위험물의 소화대책으로 옳지 않은 것은?

① 외부로부터의 산소 유입을 차단한다.
② 화재 초기에는 다량의 물로 냉각소화하는 것이 효과적 이다.
③ 항상 안전거리를 유지하고 접근할 때에는 엄폐물을 이용 한다.
④ 밀폐된 공간에서 화재 시 공기호흡기를 착용하여 질식되지 않도록 주의한다.

05 다음은 「재난 및 안전관리기본법」상 특별재난지역의 선포와 관련된 내용이다. ( ) 안에 들어갈 내용으로 옳은 것은?

> (㉠)은(는) 대통령령으로 정하는 규모의 재난이 발생하여 특별한 조치가 필요하다고 인정하거나 지역 대책본부장의 요청이 타당하다고 인정하는 경우에는 (㉡)의 심의를 거쳐 해당 지역을 특별재난지역으로 선포할 것을 대통령에게 건의할 수 있다.

	㉠	㉡
①	중앙재난안전대책본부장	안전정책조정위원회
②	중앙안전관리위원회	중앙사고수습본부
③	중앙안전관리위원회	중앙재난안전대책본부장
④	중앙재난안전대책본부장	중앙안전관리위원회

06 재난관리의 단계별 주요 활동 중 '긴급통신수단 구축'이 해당되는 단계로 옳은 것은?

① 대응 단계
② 대비 단계
③ 예방 단계
④ 복구 단계

07 자연발화가 되기 쉬운 가연물의 조건으로 옳은 것은?

① 발열량이 적다.
② 표면적이 작다.
③ 열전도율이 낮다.
④ 주위 온도가 낮다.

08 다음과 관계있는 연소생성가스로 옳은 것은?

> 질소 함유물인 열경화성 수지 또는 나일론 등의 연소 시 발생하고, 냉동시설의 냉매로 많이 쓰이고 있으므로 냉동 창고 화재 시 누출가능성이 크며, 허용 농도는 25ppm이다.

① 포스겐($COCl_2$)
② 암모니아(NH_3)
③ 일산화탄소(CO)
④ 시안화수소(HCN)

09 〈보기〉에서 표면연소에 해당하는 것을 옳게 고른 것은?

〈 보 기 〉
ㄱ. 숯   ㄴ. 목탄
ㄷ. 코크스   ㄹ. 플라스틱

① ㄱ, ㄴ, ㄷ
② ㄱ, ㄴ, ㄹ
③ ㄱ, ㄷ, ㄹ
④ ㄴ, ㄷ, ㄹ

10 다음 설명에 해당하는 것은?

> 가연성 고체의 미분이 공기 중에 부유하고 있을 때에 어떤 점화원에 의해 에너지가 주어지면 폭발하는 현상을 말한다.

① 가스폭발 ② 분무폭발
③ 분해폭발 ④ 분진폭발

11 다음은 열의 전달 형태에 대한 설명이다. ( ) 안에 들어갈 내용으로 옳은 것은?

> 가. 일반적으로 화재의 초기단계에서 열의 전달은 (㉠)에 기인한다.
> 나. 화재 시 연기가 위로 향하는 것이나 화로(火爐)에 의해 실내의 공기가 따뜻해지는 것은 (㉡)에 의한 현상이다.

	㉠	㉡
①	전도	대류
②	복사	전도
③	전도	비화
④	대류	전도

12 「위험물안전관리법령」상 위험물의 분류 중 가연성 고체가 아닌 것은?

① 황린 ② 적린
③ 황   ④ 황화인

13 제1류 위험물의 일반적 성질에 대한 설명으로 옳지 않은 것은?

① 불연성 물질이다.
② 강력한 환원제이다.
③ 대부분 무기화합물이다.
④ 다른 가연물의 연소를 돕는 지연성 물질이다.

14 소화약제로 팽창질석 또는 팽창진주암을 사용하였을 때, 적응성이 가장 좋은 화재로 옳은 것은?

① 일반화재　　　　　　　　② 전기화재
③ 금속화재　　　　　　　　④ 가스화재

15 자연발화를 방지하는 방법이 아닌 것은?

① 습도가 높은 곳에 보관한다.
② 저장실의 온도를 낮춘다.
③ 통풍을 잘 시킨다.
④ 열이 쌓이지 않게 퇴적방법에 주의한다.

16 제3종 분말소화약제에 대한 설명으로 옳지 않은 것은?

① 백색으로 착색되어 있다.
② ABC급 분말소화약제라고도 부른다.
③ 주성분은 제1인산암모늄($NH_4H_2PO_4$)이다.
④ 현재 생산되고 있는 분말소화약제의 대부분을 차지하고 있다.

17 다음 설명에 해당하는 소화방법으로 옳은 것은?

> 일반적으로 공기 중의 산소농도 21%를 15% 이하로 희석하거나 저하시키면 연소 중인 가연물은 산소의 양이 부족하여 연소가 중단된다.

① 냉각소화　　　　　　② 질식소화
③ 제거소화　　　　　　④ 유화소화

18 〈보기〉에서 폐쇄형스프링클러헤드를 사용하는 방식을 옳게 고른 것은?

〈 보 기 〉
ㄱ. 습식　　　　　　ㄴ. 건식
ㄷ. 일제살수식　　　ㄹ. 준비작동식

① ㄱ, ㄴ, ㄷ　　　　　② ㄱ, ㄴ, ㄹ
③ ㄱ, ㄷ, ㄹ　　　　　④ ㄴ, ㄷ, ㄹ

19 열감지기의 종류가 아닌 것은?

① 보상식　　　　　　② 정온식
③ 광전식　　　　　　④ 차동식

20. 포소화약제의 혼합방식 중 펌프와 발포기의 중간에 설치된 벤츄리(Venturi) 관의 벤츄리(Venturi) 작용에 의하여 포소화 약제를 흡입·혼합하는 것은?

   ① 라인 프로포셔너(Line Proportioner)
   ② 펌프 프로포셔너(Pump Proportioner)
   ③ 프레셔 프로포셔너(Pressure Proportioner)
   ④ 프레셔 사이드 프로포셔너(Pressure Side Proportioner)

21. 다음 중 응급대책사항과 응급대책사항 실시권자의 연결이 바르지 못한 것은?

   ① 응급조치 – 시장·군수·구청장과 지역통제단장
   ② 동원명령 – 중앙대책본부장과 시장·군수·구청장
   ③ 강제대피조치 – 시·도지사와 지역통제단장
   ④ 위험구역의 설정 – 시장·군수·구청장과 지역통제단장

22. 피난계획의 일반원칙 중 Fool proof 원칙에 해당하는 것은?

   ① 소화설비, 경보기기위치, 유도표지에 쉬운 판별을 위한 색채를 이용한다.
   ② 피난로를 2방향으로 설치하는 것을 원칙으로 한다.
   ③ 피난 시 피난수단은 원시적인 방법으로 한다.
   ④ 피난 시 피난설비는 고정적인 시설로 한다.

23 다음 중 위험물에 관한 내용 중 틀린 것은?

① 황은 순도가 60중량% 이상인 것을 말한다.
② 인화성고체는 고형알코올, 그 밖에 1기압에서 인화점이 40℃ 미만인 고체를 말한다.
③ 제1석유류라 함은 아세톤, 휘발유, 그 밖에 1기압에서 인화점이 섭씨 21℃ 미만인 것을 말한다.
④ 과산화수소는 그 농도가 36용량% 이상이며, 질산은 그 비중이 1.49 이상인 것을 말한다.

24 다음은 건축물의 방화관리에 관한 내용이다. 목조건축물에 설치하는 방화벽의 구조로 적절하지 않은 것은?

① 내화구조이어야 한다.
② 자립할 수 있는 구조이어야 한다.
③ 방화벽은 건축물의 외벽면 및 지붕면으로부터 0.3m 이상 돌출되도록 한다.
④ 방화벽에 설치하는 출입문의 너비 및 높이는 각각 2.5m 이하로 하여야 한다.

25 건물 내 공기의 이동은 대부분 굴뚝효과이다. 이러한 굴뚝효과에 영향을 주는 영향 인자가 아닌 것은?

① 실내·외의 온도차
② 외벽의 기밀도
③ 건물의 층간 공기누출
④ 각 층의 바닥면적

제3회 소방학개론 최종모의고사

01 「재난 및 안전관리 기본법 시행령」상 긴급구조기관의 장이 수립하는 재난유형별 긴급구조대응계획에 포함되어야 할 내용으로 옳은 것은?

> ㄱ. 긴급구조대응계획의 기본방침과 절차
> ㄴ. 긴급구조대응계획의 목적 및 적용범위
> ㄷ. 주요 재난유형별 대응 매뉴얼에 관한 사항
> ㄹ. 비상경고 방송메시지 작성 등에 관한 사항
> ㅁ. 긴급구조대응계획의 운영책임에 관한 사항
> ㅂ. 재난 발생 단계별 주요 긴급구조 대응활동 사항

① ㄱ, ㄴ, ㄷ
② ㄱ, ㄴ, ㅁ
③ ㄴ, ㄹ, ㅂ
④ ㄷ, ㄹ, ㅂ

02 「화재조사 및 보고규정」상 소실정도에 따른 화재의 분류에 해당하지 않는 것은?

① 전소화재
② 반소화재
③ 부분소화재
④ 즉소화재

03 건축물 화재 시 나타나는 중성대에 관한 설명으로 옳지 않은 것은?

① 건물 내부의 압력이 외부의 압력과 일치하는 수직적인 위치가 생기는데, 이 위치를 중성대라 한다.
② 중성대 상부는 기체가 실내에서 외부로 유출되고 중성대 하부는 외부에서 실내로 기체가 유입된다.
③ 중성대 상부는 열과 연기로부터 생존이 어려운 지역이고 중성대 하부는 신선한 공기로 인해 생존 가능성이 높은 지역이다.
④ 중성대 하부 개구부를 개방하면 공기가 유입되면서 연기가 외부로 배출되어 중성대가 위로 상승하고 중성대 하부 면적이 커져 소화활동이 용이하게 된다.

04 연소범위에 대한 설명으로 옳지 않은 것은?

① 산소농도가 높아지면 연소범위가 넓어진다.
② 불활성 가스의 농도가 높아지면 연소범위가 좁아진다.
③ 일산화탄소(CO)는 압력이 높아지면 연소범위가 좁아진다.
④ 가연성 가스의 압력이 높아지면 연소범위는 좁아진다.

05 기상폭발에 해당하는 현상으로 옳은 것은?

> ㄱ. 고체인 무정형 안티몬이 동일한 고상의 안티몬으로 전이할 때 발열함으로써 주위의 공기가 팽창하여 폭발한다.
> ㄴ. 가연성 가스와 조연성 가스가 일정 비율로 혼합된 가연성 혼합기는 발화원에 의해 착화되면 가스폭발을 일으킨다.
> ㄷ. 기체 분자가 분해할 때 발열하는 가스는 단일 성분의 가스라고 해도 발화원에 의해 착화되면 혼합가스와 같이 가스폭발을 일으킨다.
> ㄹ. 공기 중에 분출된 가연성 액체가 미세한 액적이 되어 무상으로 공기 중에 부유하고 있을 때 착화에너지가 주어지면 폭발이 발생한다.
> ㅁ. 보일러와 같이 고압의 포화수를 저장하고 있는 용기가 파손 등의 원인으로 동체의 일부분이 열리면 용기 내압이 급속히 하락되어 일부 액체가 급속히 기화하면서 증기압이 급상승하여 용기가 파괴된다.

① ㄱ, ㄴ, ㄷ
② ㄱ, ㄴ, ㄹ
③ ㄴ, ㄷ, ㄹ
④ ㄴ, ㄷ, ㅁ

06 가스 연소 시 발생되는 이상현상에 대한 설명으로 옳지 않은 것은?

① 불완전연소란 공기의 공급량이 부족할 때 일산화탄소, 그을음 등이 발생하는 현상이다.
② 블로우오프란 선화상태에서 연료가스의 분출속도가 증가하거나 공기의 유동이 강하여 불꽃이 노즐에서 정착되지 않고 떨어져서 꺼져버리는 현상이다.
③ 선화란 연료가스의 분출속도가 연소속도보다 빠를 때 불꽃이 노즐에 정착되지 않고 떨어져서 연소하는 현상이다.
④ 역화란 기체 연료를 연소시킬 때 혼합가스의 압력이 비정상적으로 높거나 혼합가스의 양이 너무 많을 때 발생되는 이상 연소현상이다.

07 화재 시 발생하는 유독가스에 대한 설명으로 옳은 것은?

① 황화수소(H_2S) : 질소 성분을 가지고 있는 합성수지, 동물의 털, 인조견 등의 섬유가 불완전 연소할 때 발생하는 맹독성 가스로, 0.3%의 농도에서 즉시 사망할 수 있다.
② 암모니아(NH_3) : 질소 함유물이 연소할 때 발생하고, 냉동시설의 냉매로 많이 쓰이고 있으므로 냉동창고 화재 시 누출 가능성이 크며, 독성의 허용 농도는 25ppm이다.
③ 염화수소(HCl) : 열가소성 수지인 폴리염화비닐(PVC), 수지류 등이 연소할 때 발생되는 연소생성물로서 발생량은 적지만 유독성이 큰 맹독성가스이며, 독성의 허용 농도는 10ppm이다.
④ 포스겐($COCl_2$) : 폴리염화비닐(PVC)과 같이 염소가 함유된 수지류가 탈 때 주로 생성되는 독성의 허용 농도는 5ppm이며 향료, 염료, 의약, 농약 등의 제조에 이용되고 있고, 자극성이 아주 강해 눈과 호흡기에 영향을 준다.

08 「재난 및 안전관리 기본법」 및 같은 법 시행령 상 효율적인 재난관리를 위해 실시하는 예방, 대비, 대응 및 복구 활동에 관한 내용으로 옳지 않은 것은?

① 국무총리는 국가안전관리기본계획을 5년마다 수립하여야 한다.
② 안전점검의 날은 매월 4일로 하고, 방재의 날은 매년 5월 25일로 한다.
③ 훈련주관기관의 장은 관계 기관과 합동으로 참여하는 재난대비훈련을 각각 소관 분야별로 주관하여 연 2회 이상 실시하여야 한다.
④ 행정안전부장관은 5년마다 재난 및 안전관리에 관한 과학기술의 진흥을 위하여 재난 및 안전관리기술개발종합계획을 수립하여야 한다.

09 「재난 및 안전관리 기본법 시행령」상 재난 및 사고 유형에 따른 재난관리주관기관으로 옳지 않은 것은?

① 가축전염병의 확산으로 인한 피해 – 보건복지부
② 항공기사고, 경량항공기사고 및 초경량비행장치사고로 인해 발생하는 대규모 피해 – 국토교통부
③ 승강기의 사고로 인해 발생하는 대규모 피해 – 행정안전부
④ 교정시설의 화재 등으로 인해 발생한 대규모 피해 – 법무부

10 특수화재현상 중 플래시오버(Flash over)와 롤오버(Roll over)에 대한 설명으로 옳지 않은 것은?

① 롤오버는 실의 상부에 있는 가연성 가스가 발화온도 이상 도달했을 때 발화하는 현상이다.
② 플래시오버는 화염이 순간적으로 공간 전체로 확대된다.
③ 플래시오버는 공간 내 전체 가연물에서 동시에 발화하는 현상이다.
④ 롤오버 시 발생되는 복사열은 플래시오버 시 발생되는 복사열보다 강하다.

11 화재용어에 대한 설명으로 옳지 않은 것은?

① 가연물의 비표면적이 클수록 화재강도는 증가한다.
② 전체 가연물의 양(발열량)이 동일할 때 화재실의 바닥면적이 커지면 화재하중은 증가한다.
③ 화재강도와 화재하중이 클수록 화재가혹도는 높아진다.
④ 최고온도에서 연소시간이 지속될수록 화재가혹도는 높아진다.

12 가연성 물질의 연소 형태로 옳은 것은?

> ㄱ. 분해연소 : 목재, 종이
> ㄴ. 확산연소 : 나프탈렌, 황
> ㄷ. 표면연소 : 코크스, 금속분
> ㄹ. 증발연소 : 가솔린엔진, 분젠버너
> ㅁ. 자기연소 : 질산에스터류, 나이트로화합물류

① ㄱ, ㄴ, ㄹ ② ㄱ, ㄷ, ㄹ
③ ㄱ, ㄷ, ㅁ ④ ㄴ, ㄹ, ㅁ

13 자동화재탐지설비의 경계구역 설정에 대한 기준이다. ( ) 안에 들어갈 내용으로 옳은 것은?

> 하나의 경계구역의 면적은 (ㄱ)m^2 이하로 하고, 한 변의 길이는 (ㄴ)m 이하로 할 것. 다만, 해당 특정소방대상물의 주된 출입구에서 그 내부 전체가 보이는 것에 있어서는 한 변의 길이가 (ㄷ)m의 범위 내에서 (ㄹ)m^2 이하로 할 수 있다.

	ㄱ	ㄴ	ㄷ	ㄹ
①	500	50	60	800
②	500	60	50	1,000
③	600	50	50	800
④	600	50	50	1,000

14 제거소화방법으로 옳은 것은?

> ㄱ. 전기화재 시 전원 차단
> ㄴ. 가스화재 시 가스공급 차단
> ㄷ. 일반화재 시 옥내소화전 사용
> ㄹ. 유류화재 시 포소화약제 사용
> ㅁ. 산불화재 시 방화선(도로) 구축

① ㄱ, ㄴ, ㄹ ② ㄱ, ㄴ, ㅁ
③ ㄴ, ㄷ, ㄹ ④ ㄴ, ㄹ, ㅁ

15 유류화재의 이상 현상에 대한 설명으로 옳은 것은?

① 프로스오버(Froth over): 점성이 큰 뜨거운 유류표면 아래에서 물이 끓을 때 화재를 수반하지 않고 유류가 넘치는 현상
② 슬롭오버(Slop over): 탱크 내의 유류가 50% 미만 저장된 경우, 화재로 인한 내부 압력 상승으로 탱크가 폭발하는 현상
③ 오일오버(Oil over): 중질유 탱크 화재 시 액면의 뜨거운 열파가 탱크 하부로 전달될 때, 탱크 하부에 존재하고 있던 에멀션(emulsion)상태의 물을 기화시켜 물의 급격한 부피 팽창으로 탱크 내의 유류가 분출하는 현상
④ 링파이어(Ring fire): 액화가스저장 탱크의 외부 화재로 탱크가 장시간 과열되면 내부 액화가스의 급격한 비등·팽창으로 탱크 내부 압력이 급격히 증가되고, 최종적으로 탱크의 설계압력 초과로 탱크가 폭발하는 현상

16 염소산류, 과염소산염류, 알칼리금속의 과산화물, 질산염류의 특징과 화재 시 소화방법 대한 설명 중 틀린 것은?

① 가열 등에 의해 분해하여 산소를 발생하고 화재 시 산소의 공급원 역할을 한다.
② 가연물, 유기물, 기타 산화하기 쉬운 물질과 혼합물은 가열, 충격, 마찰 등에 의해 폭발하는 수도 있다.
③ 알칼리금속의 과산화물을 제외하고 다량의 물로 냉각소화 한다.
④ 그 자체가 가연성이며 폭발성을 지니고 있어 화약류 취급 시와 같이 주의를 요한다.

17 우리나라 소방행정에 관한 설명으로 옳은 것은?

> ㄱ. 미군정 시대에는 소방행정을 경찰에서 분리하여 자치 소방행정체제를 도입하였다.
> ㄴ. 1992년 전국 시·도에 소방본부를 설치·운영하고 광역소방행정체제로 전환하였다.
> ㄷ. 소방공무원은 공무원 분류상 경력직 공무원 중 특수 경력직 공무원에 해당한다.
> ㄹ. 소방공무원의 징계 중 경징계에는 정직, 감봉, 견책이 있다.

① ㄱ, ㄴ
② ㄱ, ㄷ
③ ㄴ, ㄷ
④ ㄱ, ㄹ

18 「재난 및 안전관리 기본법」상 우리나라 재난관리체계에 관한 설명으로 옳지 않은 것은?

① 재난 및 안전관리에 관한 중요 정책을 심의하기 위하여 국무총리 소속으로 중앙안전관리위원회를 둔다.
② 대통령령으로 정하는 대규모 재난의 대응·복구를 총괄 하기 위하여 행정안전부에 중앙재난안전대책본부를 둔다.
③ 소방본부는 인명구조, 응급처치 등 긴급 조치를 담당하는 긴급구조지원기관에 해당한다.
④ 시·도 재난안전대책본부장은 시·도지사이며, 시·도 긴급구조통제단장은 소방본부장이다.

19 「재난 및 안전관리 기본법」상 재난관리에 관한 내용이 다른 하나는 어느 것인가?

① 재난 발생을 사전에 방지하기 위하여 매년 재난대비훈련 계획을 수립하고, 관계 기관과 합동으로 재난대비훈련을 실시한다.
② 재난을 효율적으로 관리하기 위하여 재난유형에 따라 위기관리 매뉴얼을 작성·운용한다.
③ 재난 피해지역을 재해 이전 상태로 회복시키기 위하여 피해상황을 조사하고, 자체복구계획을 수립·시행한다.
④ 재난의 수습활동을 효율적으로 하기 위하여 재난관리자원의 비축·관리 및 긴급통신수단을 마련한다.

20 「재난 및 안전관리 기본법」상 재난의 분류가 다른 하나는?

① 교통사고(항공사고 및 해상사고를 포함한다)
② 「우주개발 진흥법」에 따른 자연우주물체의 추락·충돌
③ 「감염병의 예방 및 관리에 관한 법률」에 따른 감염병
④ 「미세먼지 저감 및 관리에 관한 특별법」에 따른 미세 먼지 등으로 인한 피해

21 주성분이 인산염류인 제3종 분말소화약제가 다른 분말소화약제와 다르게 A급 화재에 적용할 수 있는 이유는?

① 열분해 생성물인 CO_2가 열을 흡수하므로 냉각에 의하여 소화된다.
② 열분해 생성물인 수증기가 산소를 차단하여 탈수작용을 한다.
③ 열분해 생성물인 메타인산(HPO_3)이 산소의 차단 역할을 하므로 소화가 된다.
④ 열분해 생성물인 암모니아가 부촉매작용을 하므로 소화가 된다.

22 인화성 액체의 인화점에 대한 설명으로 옳은 것은?

① 증기가 연소범위의 하한계에 이르러 점화되는 최저온도
② 증기가 발생하기 시작하는 최저온도
③ 물질이 자체의 열만으로 착화하는 최저온도
④ 발생한 화염이 지속적으로 연소하는 최저온도

23 연료지배형화재와 환기지배형화재에 대한 설명으로 옳지 않은 것은?

① 환기지배형화재는 공기공급이 충분하지 않으므로 불완전연소가 심하다.
② 연료지배형화재는 공기공급이 충분한 조건에서 발생한 화재가 일반적이다.
③ 연료지배형화재는 주로 큰 창문이나 개방된 공간에서, 환기지배형화재는 내화구조 및 콘크리트 지하층에서 발생하기 쉽다.
④ 일반적으로 플래시오버 전에는 환기지배형화재가, 이후에는 연료지배형화재가 지배적이다.

24 다음은 제3석유류에 대한 설명이다. ( ) 안에 들어갈 내용으로 옳은 것은?

> "제3석유류"라 함은 중유, 클레오소트유 그 밖에 1기압에서 (가)이 섭씨 (나)도 이상 섭씨 (다)도 미만인 것을 말한다. 다만, 도료류 그 밖의 물품은 가연성 액체량이 40중량퍼센트 이하인 것은 제외한다.

	(가)	(나)	(다)
①	발화점	70	200
②	발화점	75	250
③	인화점	70	200
④	인화점	75	250

25 「소방기본법」상 소방활동구역에 출입할 수 있는 사람이 아닌 것은?

① 소방활동구역 안에 있는 소방대상물의 소유자·관리자 또는 점유자
② 전기·가스·수도·통신·소방 업무에 종사하는 사람으로서 원활한 소방활동을 위하여 필요한 사람
③ 취재인력 등 보도업무에 종사하는 사람
④ 그 밖에 소방대장이 소방활동을 위하여 출입을 허가한 사람

제4회 소방학개론 최종모의고사

01 가연물의 화학적 연쇄반응 속도를 줄여 소화하는 방법으로 옳은 것은?

① 다량의 물을 주수하여 소화한다.
② 할론소화약제를 사용하여 소화한다.
③ 연소물이나 화원을 제거하여 소화한다.
④ 에멀션(emulsion) 효과를 이용하여 소화한다.

02 물 소화약제 첨가제 중 주요 기능이 물의 표면장력을 작게 하여 심부화재에 대한 적응성을 높여 주는 것은?

① 부동제　　　　　　　② 증점제
③ 침투제　　　　　　　④ 유화제

03 가연성 가스 중 위험도가 가장 큰 물질은? (단, 연소범위는 메탄 5 %~15 %, 에탄 3 %~12.4 %, 프로판 2.1 %~9.5 %, 부탄 1.8 %~8.4 %이다.)

① 메탄　　　　　　　　② 에탄
③ 프로판　　　　　　　④ 부탄

04 우리나라 소방 역사에 대한 설명으로 옳지 않은 것은?

① 조선 시대인 1426년(세종 8년) 금화도감이 설치되었다.
② 일제강점기인 1925년 최초의 소방서가 설치되었다.
③ 미군정 시대인 1946년 중앙소방위원회가 설치되었다.
④ 대한민국 정부 수립 이후인 1948년 소방법이 제정·공포 되었다.

05 스프링클러설비의 리타딩 체임버(retarding chamber)의 기능으로 옳은 것은?

① 역류방지
② 가압송수
③ 오작동방지
④ 동파방지

06 소방시설의 분류와 해당 소방시설의 종류가 옳게 연결된 것은?

① 소화설비 - 옥내소화전설비, 포소화설비, 간이스프링 클러설비
② 경보설비 - 자동화재속보설비, 자동화재탐지설비, 제연 설치
③ 소화용수설비 - 상수도소화용수설비, 소화수조, 연결 살수설비
④ 소화활동설비 - 시각경보기, 연결송수관설비, 무선통신 보조설비

07 다음 중 화재의 원인에 대한 설명으로 옳지 않은 것은?

① 열전도율이 좋을수록 화재가 잘 일어난다.
② 온도가 높을수록 화재가 잘 일어난다.
③ 산소의 농도가 높을수록 화재가 잘 일어난다.
④ 화학적 친화력이 좋을수록 화재가 잘 일어난다.

08 우리나라 소방행정에 관한 설명으로 옳은 것은?

① 미군정 시대에는 소방행정을 경찰에서 분리하여 자치 소방행정체제를 도입하였다.
② 1972년 전국 시·도에 소방본부를 설치·운영하고 광역소방행정체제로 전환하였다.
③ 소방공무원은 공무원 분류상 경력직 공무원 중 특수 경력직 공무원에 해당한다.
④ 소방공무원의 징계 중 경징계에는 정직, 감봉, 견책이 있다.

09 화재에 대한 옳은 설명을 모두 고른 것은?

> ㄱ. 낮은 산소분압에서 화재가 발생하였을 때 초기에 화염 없이 일어나는 연소를 훈소연소라 한다.
> ㄴ. 목조건축물 화재는 유류나 가스 화재와는 달리 일반적으로 무염착화 없이 발염착화로 이어진다.
> ㄷ. A급 화재는 일반화재로 면화류, 합성수지 등의 가연물에 의한 화재를 말한다.
> ㄹ. 전소란 건물의 70 % 이상이 소실된 화재를 말한다.

① ㄱ, ㄴ ② ㄷ, ㄹ
③ ㄱ, ㄴ, ㄷ ④ ㄱ, ㄷ, ㄹ

10 화재진압 시 주수소화에 적응성 있는 위험물로 옳은 것은?

① 황화인 ② 질산에스터류
③ 무기금속화합물 ④ 알칼리금속

11 폭발에 대한 설명으로 옳지 않은 것은?
① 증기폭발은 폭발물질의 물리적 상태에 따른 분류 중 기상폭발에 해당한다.
② 폭굉은 연소반응으로 발생한 화염의 전파 속도가 음속 보다 빠른 것을 말한다.
③ 블레비(BLEVE)는 액화가스저장탱크 등에서 외부열원에 의해 과열되어 급격한 압력 상승의 원인으로 파열되는 현상이며, 폭발의 분류 중 물리적 폭발에 해당한다.
④ 폭발은 물리적, 화학적 변화의 결과로 발생된 급격한 압력 상승에 의한 에너지가 외계로 전환되는 과정에서 파열, 폭음 등을 동반하는 현상을 말한다.

12 「재난 및 안전관리 기본법」상 우리나라 재난관리체계에 관한 설명으로 옳지 않은 것은?
① 재난 및 안전관리에 관한 중요 정책을 심의하기 위하여 국무총리 소속으로 중앙안전관리위원회를 둔다.
② 대통령령으로 정하는 대규모 재난의 대응·복구를 총괄 하기 위하여 행정안전부에 중앙재난안전대책본부를 둔다.
③ 소방서는 인명구조, 응급처치 등 긴급 조치를 담당하는 긴급구조지원기관에 해당한다.
④ 시·군·구 재난안전대책본부장은 시장·군수·구청장이며, 시·군·구 긴급구조통제단장은 소방서장이다.

13 「재난 및 안전관리 기본법」상 재난의 분류가 다른 하나는?
① 「가축전염병예방법」에 따른 가축전염병의 확산
② 화산활동으로 인하여 발생하는 재해
③ 「우주개발 진흥법」에 따른 인공우주물체의 추락·충돌
④ 「미세먼지 저감 및 관리에 관한 특별법」에 따른 미세먼지

14 「재난 및 안전관리 기본법」상 재난관리에 관한 내용으로 옳은 것은?

① 예방 – 재난 발생을 사전에 방지하기 위하여 매년 재난대비훈련 계획을 수립하고, 관계 기관과 합동으로 재난대비훈련을 실시한다.
② 대비 – 재난을 효율적으로 관리하기 위하여 재난유형에 따라 위기관리 매뉴얼을 작성·운용한다.
③ 대응 – 재난 피해지역을 재해 이전 상태로 회복시키기 위하여 피해상황을 조사하고, 자체복구계획을 수립·시행한다.
④ 복구 – 재난의 수습활동을 효율적으로 하기 위하여 재난관리자원의 비축·관리 및 긴급통신수단을 마련한다.

15 고발포인 제2종 기계포의 팽창비에 해당하는 것은?

① 10배 이상 20배 이하
② 100배 이상 200배 이하
③ 300배 이상 400배 이하
④ 500배 이상 600배 이하

16 바닥 면적이 200 m²인 구획된 창고에 의류 1,000 kg, 고무 2,000 kg이 적재되어 있을 때 화재하중은 약 몇 kg/m²인가? (단, 의류, 고무, 목재의 단위 발열량은 각각 5,000 kcal/kg, 9,000 kcal/kg, 4,500 kcal/kg이고, 창고 내 의류 및 고무 외의 기타 가연물은 존재하지 않으며, 화재 시 완전연소로 가정 한다.)

① 15.56
② 20.56
③ 25.56
④ 30.56

17 화재가혹도에 관한 설명으로 옳지 않은 것은?

① 화재가혹도란 화재발생으로 당해 건물과 내부 수용재산 등을 파괴하거나 손상을 입히는 정도를 말한다.
② 최고온도는 화재가혹도의 질적 개념으로 화재강도와 관련이 있다.
③ 지속시간은 화재가혹도의 양적 개념으로 화재하중과 관련이 있다.
④ 화재가혹도에 영향을 미치는 환기요소는 개구부 면적의 제곱근에 비례하고 개구부 높이에 비례한다.

18 고층건축물에서 연기유동을 일으키는 요인을 모두 고른 것은?

ㄱ. 부력효과	ㄴ. 바람에 의한 압력차
ㄷ. 굴뚝효과	ㄹ. 공기조화설비의 영향

① ㄱ, ㄴ
② ㄱ, ㄷ
③ ㄴ, ㄷ, ㄹ
④ ㄱ, ㄴ, ㄷ, ㄹ

19 연소에 대한 설명으로 옳지 않은 것은?

① 액체가연물의 인화점은 액면에서 증발된 증기의 농도가 연소하한계에 도달하여 점화되는 최저온도이다.
② 연소하한계가 낮고 연소범위가 넓을수록 가연성 가스의 연소위험성이 증가한다.
③ 액체가연물의 연소점은 점화된 이후 점화원을 제거하여도 자발적으로 연소가 지속되는 최저온도이다.
④ 파라핀계 탄화수소화합물의 경우 탄소수가 적을수록 발화점이 낮아진다.

20 제4류 위험물에 대한 설명으로 옳지 않은 것은?

① 물보다 가볍고 물에 녹지 않는 것이 많다.
② 일반적으로 부도체 성질이 강하여 정전기 축적이 쉽다.
③ 발생 증기는 가연성이며, 증기비중은 대부분 공기보다 가볍다.
④ 사용량이 많은 휘발유, 경유 등은 연소하한계가 낮아 매우 인화하기 쉽다.

21 화재피해조사 산정기준 중 동일 소방대상물로서 한 건의 화재로 취급하는 기준에 대한 설명으로 옳지 않은 것은?

① 한 곳에서 발생한 화재
② 누전점이 다른 2개소 이상에서 발생한 화재
③ 지진, 낙뢰 등 자연환경에 의해 발생한 여러 화재
④ 동일범에 의한 방화 또는 불장난으로 2개소 이상에서 발생한 화재

22 할로겐화합물 소화약제가 갖추어야 할 일반적인 조건으로 옳지 않은 것은?

① 독성이 적을수록 좋다.
② 지구 온난화에 끼치는 영향이 적을수록 좋다.
③ 대기 중에 잔존 시간이 길수록 좋다.
④ 오존층 파괴에 끼치는 영향이 적을수록 좋다.

23 포(foam)에 대한 일반적인 설명으로 옳은 것은?

① 불화단백포 및 수성막포는 표면하 주입방식에 사용할 수 있다.
② 불소를 함유하고 있는 합성계면활성제포는 친수성이므로 유동성과 내유성이 좋다.
③ 단백포는 유동성은 좋으나, 내화성은 나쁘다.
④ 알콜형포 사용 시 비누화현상이 일어나면 소화능력이 떨어진다.

24 이산화탄소소화설비에 대한 일반적인 설명으로 옳지 않은 것은?

① 기동용기의 가스는 압력스위치 및 자동폐쇄장치를 작동시키는 역할을 한다.
② 저장용기는 직사광선 및 빗물이 침투할 우려가 없는 곳에 설치한다.
③ 전역방출방식에서 환기장치는 이산화탄소가 방사되기 전에 정지되어야 한다.
④ 전역방출방식에서는 음향경보장치와 방출표시등이 필요하다.

25 「재난 및 안전관리 기본법」상 재난관리의 대비단계 관리사항을 있는 대로 모두 고른 것은?

| ㄱ. 국가재난관리기준의 제정·운용 |
| ㄴ. 재난 예보·경보체계 구축·운영 |
| ㄷ. 재난안전분야 종사자 교육 |
| ㄹ. 재난안전통신망의 구축·운영 |

① ㄱ, ㄴ   ② ㄱ, ㄹ
③ ㄱ, ㄴ, ㄹ   ④ ㄴ, ㄷ, ㄹ

소방학개론 최종모의고사

01 유체의 열전달로서 고온체와 저온체 간의 온도차에 의한 밀도차로 열이 전달되는 열전달의 종류는?

① 복사 ② 전도
③ 대류 ④ 흡수

02 다음 중 소방공무원 임용의 종류라고 할 수 없는 것은?

① 신규채용 ② 면직
③ 휴직 ④ 견책

03 「위험물 안전관리법 시행령」상 위험물에 관한 설명으로 옳은 것은?

① 제1류 위험물 중에 무기과산화물은 주수를 이용 한 냉각소화가 적합하다.
② 제2류 위험물은 다른 가연물의 연소를 돕는 조연 성 물질이다.
③ 제3류 위험물 중에 황린은 공기 중 산화를 방지하기 위해 물 속에 저장한다.
④ 제4류 위험물은 수용성 액체로 물에 의한 희석소화가 적합하다.

04 화재의 분류에서 전기화재의 발생 원인으로 가장 큰 비중을 차지하는 것은?

① 과부하 ② 단락
③ 정전기 ④ 아아크

05 다음 중 조직의 기본원리로 분업·전문화된 조직을 통합하는 원리로서 목표달성을 위하여 개인이나 조직을 통합하고 행동을 통일시킨다는 원리에 해당되는 것은?

① 분업의 원리
② 업무조정의 원리
③ 계층의 원리
④ 명령통일의 원리

06 「위험물 안전관리법」상 지정된 동·식물 유류의 성질에 대한 설명으로 틀린 것은?

① 요오드값이 작을수록 자연발화의 위험성이 크다.
② 상온에서 모두 액체이다.
③ 물에는 불용성이지만 에테르 및 벤젠 등의 유기용매에는 잘 녹는다.
④ 인화점은 1기압 하에서 250℃ 미만이다.

07 물질의 화재 위험성에 대한 설명으로 틀린 것은?

① 인화점 및 착화점이 낮을수록 위험하다.
② 착화에너지가 작을수록 위험하다.
③ 비점 및 융점이 높을수록 위험하다.
④ 연소범위가 넓을수록 위험하다.

08 「위험물 안전관리법」상 제2석유류에 해당하는 것으로만 나열된 것은?

① 아세톤, 벤젠
② 디에틸에테르, 이황화탄소
③ 중유, 아닐린
④ 경유, 아세트산

09 Fourier법칙(전도)에 대한 설명으로 틀린 것은?

① 이동열량은 전열체의 단면적에 비례한다.
② 이동열량은 전열체의 두께에 비례한다.
③ 이동열량은 전열체의 열전도도에 비례한다.
④ 이동열량은 전열체 내·외부의 온도차에 비례한다.

10 「소방공무원 임용령」에서 소방공무원인사위원회의 구성에 있어 옳게 설명한 것은?

	설 치	위원장
①	소방청	소방청장
②	시·도	소방본부장
③	소방본부	소방청 차장
④	소방본부	소방본부장

11 다음 중 연소범위를 근거로 계산한 위험도 값이 가장 큰 물질은?

① 산화프로필렌(3%~80%)
② 수소(4%~75%)
③ 프로판(2.1%~9.5%)
④ 부탄(1.8%~8.4%)

12 다음 중 화재 분류에 대한 설명으로 틀린 것은?

① 종이, 나무, 섬유류 등에 의한 화재는 A급 화재에 해당한다.
② 인화성 액체, 가연성 액체, 타르, 오일 등 유류가 타고 나서 재가 남지 않는 화재는 B급 화재에 해당한다.
③ 전류가 흐르고 있는 전기기기, 배선과 관련된 화재는 C급 화재에 해당한다.
④ 주방에서 동·식물유를 취급하는 조리기구에서 일어나는 화재는 D급 화재에 해당한다.

13 밀폐된 내화건물의 실내에 화재가 발생했을 때 그 실내의 환경변화에 대한 설명 중 틀린 것은?

① 산소가 감소한다.
② 기압이 급강하한다.
③ 일산화탄소가 증가한다.
④ 이산화탄소가 증가한다.

14 우리나라 소방행정에 관한 설명으로 옳은 것은?

① 미군정 시대에는 소방행정을 경찰에 통합하여 자치 소방행정체제를 도입하였다.
② 1992년 전국 시·도에 소방본부를 설치·운영하고 광역소방행정체제로 전환하였다.
③ 소방공무원은 공무원 분류상 특수 경력직 공무원 중 특정직 공무원에 해당한다.
④ 소방공무원의 징계 중 중징계에는 강등, 정직, 감봉, 견책이 있다.

15 재난의 분류 중 존스의 재난 분류에서 자연재난의 지구물리학적 재난 가운데 지질학적재난에 해당하지 않는 것은?

① 지진
② 해양지진
③ 화산
④ 토네이도

16 「재난 및 안전관리 기본법」상에 대한 설명으로 틀린 것은?

① 「미세먼지 저감 및 관리에 관한 특별법」에 따른 미세먼지 등으로 인한 피해는 사회재난에 해당한다.
② "국가핵심기반"이란 에너지, 정보통신, 교통수송, 보건의료 등 국가경제, 국민의 안전·건강 및 정부의 핵심기능에 중대한 영향을 미칠 수 있는 시설, 정보기술시스템 및 자산 등을 말한다.
③ 소방청장, 소방본부장 및 소방서장은 재난정보의 수집·전파, 상황관리, 재난발생 시 초동조치 및 지휘 등의 업무를 수행하기 위하여 상시 재난안전상황실을 설치·운하여야 한다.
④ 국가핵심기반의 지정 등은 재난관리 단계 중 예방단계에 해당한다.

17 다음 피난방향 및 피난경로의 유형 중 중앙코어방식으로 피난자가 몰려서 중앙으로 집중되어 패닉현상이 일어날 우려가 있는 피난경로의 형태는 어느 것인가?

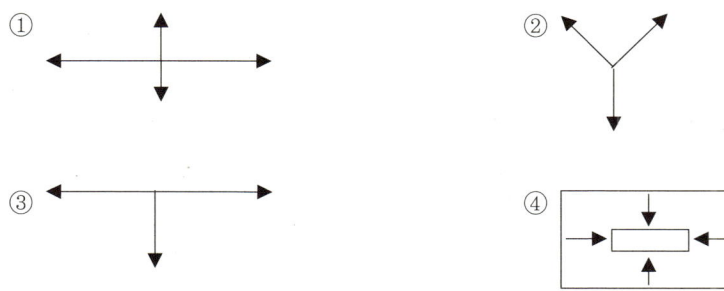

18 소방행정권을 사용함에 있어 어느 정도 한계를 가지고 있다는 것을 알 수 있다. 이러한 것을 소방행정권의 한계라고 하는데 다음 중 소방행정권의 한계에 해당하지 않는 것은?

① 소극목적의 원칙 ② 공공의 원칙
③ 평등의 원칙   ④ 비례의 원칙

19 「재난 및 안전관리 기본법」상 특별재난지역의 선포에 대한 사항이다. 빈 칸에 적당한 말을 순서대로 바르게 나열한 것은?

> • (㉠)은 대규모의 재난이 발생하여 국가의 안녕 및 사회질서의 유지에 중대한 영향을 미치거나 피해를 효과적으로 수습하기 위하여 특별한 조치가 필요하다고 인정하거나 지역대책본부장의 요청이 타당하다고 인정하는 경우에는 (㉡)의 심의를 거쳐 해당 지역을 특별재난지역으로 선포할 것을 (㉢)에게 건의할 수 있다.
> • 특별재난지역의 선포를 건의받은 (㉢)은 해당 지역을 특별재난지역으로 선포할 수 있다.

	㉠	㉡	㉢
①	중앙재난안전대책본부장	중앙소방기술심의위원회	대통령
②	국무총리	중앙안전관리위원회	대통령
③	중앙재난안전대책본부장	중앙안전관리위원회	대통령
④	행정안전부장관	중앙소방기술심의위원회	국무총리

20 「위험물 안전관리법」상 위험물은 그 운반용기의 외부에 위험물의 품명, 수량 등을 표시하여 적재하여야 한다. 다음 중 운반 용기에 표시하여야 하는 사항을 모두 고른 것은?

> ㄱ. 위험물의 품명
> ㄴ. 위험등급
> ㄷ. 화학명 및 수용성("비수용성" 표시는 제4류 위험물로서 비수용성인 것에 한한다)
> ㄹ. 위험물의 수량
> ㅁ. 수납하는 위험물에 따른 주의사항

① ㄱ, ㄴ, ㄷ, ㄹ   ② ㄴ, ㄷ, ㄹ, ㅁ
③ ㄱ, ㄷ, ㄹ, ㅁ   ④ ㄱ, ㄴ, ㄹ, ㅁ

21 다음 소방시설에 대한 설명으로 옳지 않은 것만 고른 것은?

> ㄱ. 소화활동설비에는 연소방지설비, 비상콘센트설비, 무선통신보조설비, 비상방송설비 등이 포함된다.
> ㄴ. 소화용수설비에는 상수도 소화용수설비, 소화수조, 저수조, 정화조 등이 포함된다.
> ㄷ. 피난설비 중 피난기구에는 피난사다리, 완강기, 구조대 등이 포함된다.
> ㄹ. 소화설비에는 소화기구, 자동소화장치, 옥내소화전설비, 옥외소화전설비 등이 포함된다.

① ㄱ   ② ㄱ, ㄴ
③ ㄱ, ㄴ, ㄷ   ④ ㄱ, ㄴ, ㄷ, ㄹ

22 민간 소방조직의 설치에 관한 설명으로 옳지 않은 것은?

① 주유취급소에는 위험물안전관리자를 선임해야 한다.
② 소방안전관리대상물에는 소방안전관리자를 선임해야 한다.
③ 소방업무를 체계적으로 보조하기 위해 의용소방대를 설치한다.
④ 제4류 위험물을 저장·취급하는 제조소에는 반드시 자체 소방대를 설치해야 한다.

23 화재예방, 소방활동 또는 소방훈련을 위하여 사용되는 소방신호에 해당하는 것은?

① 대응 신호 ② 경계 신호
③ 복구 신호 ④ 대비 신호

24 「재난 및 안전관리 기본법」에 대한 내용이다. ( ) 안에 들어갈 용어로 옳은 것은?

> (가)은 대통령령으로 정하는 재난이 발생하거나 발생할 우려가 있는 경우 사람의 생명·신체 및 재산에 미치는 중대한 영향이나 피해를 줄이기 위하여 긴급한 조치가 필요하다고 인정하면 (나)의 심의를 거쳐 (다)을/를 선포할 수 있다.

	(가)	(나)	(다)
①	중앙재난안전대책본부장	안전정책조정위원회	재난사태
②	행정안전부장관	중앙안전관리위원회	재난사태
③	중앙재난안전대책본부장	중앙안전관리위원회	특별재난지역
④	행정안전부장관	안전정책조정위원회	특별재난지역

25 고층건축물에서 연기유동을 일으키는 요인을 모두 고른 것은?

| ㄱ. 부력효과 | ㄴ. 바람에 의한 압력차 |
| ㄷ. 굴뚝효과 | ㄹ. 공기조화설비의 영향 |

① ㄱ, ㄴ ② ㄱ, ㄷ
③ ㄴ, ㄷ, ㄹ ④ ㄱ, ㄴ, ㄷ, ㄹ

소방학개론 최종모의고사

01 「화재조사 및 보고규정」에서 정의하는 용어에 대한 것으로 옳은 것은?

① 최초착화물이란 열원에 의하여 가연물질에 지속적으로 불이 붙는 현상을 말한다.
② 동력원이란 발화에 관련된 불꽃 또는 열을 발생시킨 기기 또는 장치나 제품을 말한다.
③ 발화열원이란 발화로 이어진 연소현상에 영향을 준 요인을 말한다.
④ 잔가율이란 화재 당시에 피해물의 재구입비에 대한 현재가의 비율을 말한다.

02 건물 내 수용재산 및 건물자체에 손상이 생기는 정도는?

① 화재하중
② 화재강도
③ 화재가혹도
④ 위험도

03 「재난 및 안전관리 기본법」상 재난의 분류가 다른 하나는?

① 「감염병의 예방 및 관리에 관한 법률」에 따른 감염병
② 한파, 낙뢰, 가뭄으로 인하여 발생하는 재해
③ 「우주개발 진흥법」에 따른 인공우주물체의 추락·충돌
④ 다중운집인파사고 등으로 인하여 발생하는 대통령령으로 정하는 규모 이상의 피해

04 다음은 강화액 소화약제 약제에 대한 설명이다. 빈칸에 알맞은 것은?

> 강화액 소화약제는 물과 탄산칼륨을 혼합하여 만든 소화약제로 냉각소화작용이 있다. 그리고 물과 탄산칼륨의 ( )에 의하여 많은 효과는 아니지만 부촉매 효과도 가지고 있다.

① K^+
② CO_3^{2-}
③ H^+
④ OH^-

05 폭연에서 폭굉으로 발전할 때 거리가 짧아지는 조건으로 옳지 않은 것은?
① 점화에너지가 작을수록 짧아진다.
② 연소반응속도가 빠를수록 짧아진다.
③ 압력이 높을수록 짧아진다.
④ 관속에 이물질이 있거나 관벽이 거칠수록 짧아진다.

06 연소가스에 대한 설명 중 옳지 않은 것은?
① 포스겐은 PVC등 염소를 함유한 가연물의 연소 시 발생하는 미량의 가스이다.
② 이산화질소는 질산셀룰로오스 등의 불완전연소 시 또는 질산염계통 연소 시 발생하는 푸른색을 띤 유독가스이다.
③ 황화수소는 털, 고무 등을 함유한 가연물의 불완전연소 시 발생하며 무색의 가스이다.
④ 아크로레인은 석유제품, 유지류 등이 탈 때 발생되는 가스이다.

07 「소방기본법」상 소방활동구역에 출입할 수 있는 사람이 아닌 것은?
① 소방활동구역 안에 있는 소방대상물의 소유자·관리자 또는 점유자
② 전기·가스·수도·통신·교통 업무에 종사하는 사람
③ 취재인력 등 보도업무에 종사하는 사람
④ 그 밖에 소방대장이 소방활동을 위하여 출입을 허가한 사람

08 민간 소방조직의 설치에 관한 설명으로 옳지 않은 것은?
① 주유취급소에는 위험물안전관리자를 선임해야 한다.
② 특정소방대상물에는 소방안전관리자를 선임해야 한다.
③ 소방업무를 체계적으로 보조하기 위해 의용소방대를 설치한다.
④ 제4류 위험물을 지정수량의 3천배 이상 저장·취급하는 제조소에는 반드시 자체 소방대를 설치해야 한다.

09 1기압, 20 ℃인 조건에서 메탄(CH_4) 160g이 완전 연소하는 데 필요한 산소의 양은 몇 g인가?
① 120
② 320
③ 640
④ 750

10 「재난 및 안전관리 기본법」상 재난관리 단계별 조치사항의 연결이 옳지 않은 것은?
① 예방단계 — 재난방지시설의 관리
② 대비단계 — 재난현장 긴급통신수단의 마련
③ 대응단계 — 특별재난지역의 선포
④ 복구단계 — 피해조사 및 복구계획 수립·시행

11 다음 조건에 따라 계산한 혼합기체의 연소하한계는?

- 르샤트리에 공식을 이용한다.
- 혼합기체의 체적농도는 A기체 45%, B기체 40%이고 나머지는 공기이다.
- 연소하한계는 A기체 3.0%, B기체 2.0%이다.

① 1.12%
② 1.26%
③ 2.34%
④ 2.43%

12 다음 중 연소 이론으로 옳지 않은 것은?

① 발화점과 화재의 위험은 반비례한다.
② 인화점과 화재의 위험은 반비례한다.
③ 인화점이 낮은 물질은 다른 물질에 비해 발화점이 높다.
④ 연소의 범위가 넓은 것일수록 위험성이 크다.

13 재난현장에서 시·군·구 긴급구조통제단장의 현장지휘에 관한 사항에 해당하지 않는 것은?

① 재난현장에서 인명의 탐색·구조
② 긴급구조지원기관 및 자원봉사자 등에 대한 임무의 부여
③ 추가 재난의 방지를 위한 응급조치
④ 피해시설의 응급복구 및 방역과 방범, 그 밖의 질서 유지

14 연소 시 발생되는 현상으로 역화(back fire)의 원인으로 옳지 않은 것은?

① 혼합기의 연소속도보다 가스 분출속도가 클 때
② 가스의 공급량이 감소된 경우
③ 노즐이 뜨거워진 경우
④ 분출구가 커진 경우

15 다음 소방의 발전과정에 대한 설명으로 옳은 것만 고른 것은?

> ㄱ. 세종 8년에 금화도감을 설치하였다.
> ㄴ. 일제 강점기에 상비소방수 제도가 있었다.
> ㄷ. 대한 민국 정부수립 후에 1958년에 소방법을 제정·공포 하였다.
> ㄹ. 2004년 소방방재청을 설립하였다.

① ㄱ
② ㄱ, ㄴ, ㄷ
③ ㄱ, ㄴ, ㄹ
④ ㄱ, ㄴ, ㄷ, ㄹ

16 「위험물안전관리법」상 염소산염류에 대한 설명으로 옳지 않은 것은?

① 제1류 위험물에 해당한다.
② 지정수량은 50kg이다.
③ 산화성 액체이다.
④ 가열, 충격으로 분해하여 산소를 방출한다.

17 인화성 또는 가연성 물질의 취급 장소에 대한 화재와 폭발의 방지방법이 아닌 것은?

① 발화원을 없앤다.
② 취급 장소 주위의 공기대신 불활성 기체로 바꾼다.
③ 밀폐된 용기 내에 보관한다.
④ 환기시설을 갖추지 않는다.

18 불활성기체 소화약제 중 IG-541에 대한 설명으로 옳지 않은 것은?

① 사람이 있는 곳에서 사용할 수 있다.
② 할론 이나 분말소화약제와 같은 화학적 작용에 의한 소화효과가 있다.
③ 오존파괴지수(ODP)가 영(0)이다.
④ 성분은 질소(N_2) 52%, 아르곤(Ar) 40%, 이산화탄소(CO_2) 8% 이다.

19 연기에 대한 설명으로 옳은 것은?

① 화재 시 실내·외의 온도차는 굴뚝효과에 영향이 없다.
② 연기에는 수증기, 연소가스 등과 같은 기체, 액체 성분은 있지만 고체와 같은 성분은 포함하지 않는다.
③ 연기는 수평이동속도보다 수직이동속도가 빠르다.
④ 연기의 농도가 진할수록 감광계수가 커지고, 가시거리도 증가한다.

20 다음 징계의 종류중 중징계에 해당하지 않는 것은?

① 해임 ② 강등
③ 정직 ④ 견책

21 화재 시 발생하는 연기(smoke)에 대한 설명으로 옳지 않은 것은?

① 연기의 수직 이동속도는 수평 이동속도보다 빠르다.
② 연기의 감광계수가 증가할수록 가시거리는 짧아진다.
③ 중성대는 실내 화재 시 실내와 실외의 온도가 같은 면을 의미한다.
④ 굴뚝효과는 건축물의 내부와 외부의 온도차에 의해 내부의 더운 공기가 상승하는 현상이다.

22 가연물의 화학적 연쇄반응 속도를 줄여 소화하는 방법으로 옳은 것은?

① 다량의 물을 주수하여 소화한다.
② 할로겐화합물 소화약제를 사용하여 소화한다.
③ 연소물이나 화원을 제거하여 소화한다.
④ 에멀션(emulsion) 효과를 이용하여 소화한다.

23 위험물의 종류에 따른 소화 방법으로 옳지 않은 것은?

① 제1류 위험물인 알칼리금속의 과산화물은 물을 사용한다.
② 제2류 위험물인 마그네슘은 건조사를 사용한다.
③ 제3류 위험물인 알킬알루미늄은 건조사를 사용한다.
④ 제4류 위험물인 알코올은 내알코올포(泡, foam)를 사용한다.

24 물 소화약제 첨가제 중 주요 기능이 물의 표면장력을 작게 하여 심부화재에 대한 적응성을 높여 주는 것은?

① 부동제   ② 증점제
③ 침투제   ④ 유화제

25 폭발에 대한 설명으로 옳지 않은 것은?

① 폭연은 폭굉보다 폭발압력이 낮다.
② 분해폭발은 산소에 관계없이 단독으로 발열 분해반응을 하는 물질에서 발생한다.
③ 물리적 폭발은 물질의 상태(기체, 액체, 고체)가 변하거나 온도, 압력 등 조건의 변화에 따라 발생한다.
④ 중합폭발은 가연성 액체의 무적(mist)이 일정 농도이상으로 조연성 가스 중에 분산되어 있을 때 착화하여 발생한다.

제7회 소방학개론 최종모의고사

01 염소산류, 과염소산염류, 알칼리금속의 과산화물, 질산염류, 과망가니즈산염류의 특징과 화재 시 소화방법 대한 설명 중 틀린 것은?

① 가열 등에 의해 분해하여 산소를 발생하고 화재 시 산소의 공급원 역할을 한다.
② 가연물, 유기물, 기타 산화하기 쉬운 물질과 혼합물은 가열, 충격, 마찰 등에 의해 폭발하는 수도 있다.
③ 알칼리금속의 과산화물을 제외하고 다량의 물로 냉각소화 한다.
④ 그 자체가 가연성이며 폭발성을 지니고 있어 화약류 취급 시와 같이 주의를 요한다.

02 우리나라 소방행정에 관한 설명으로 옳은 것은?

> ㄱ. 미군정 시대에는 소방행정을 경찰에서 분리하여 자치 소방행정체제를 도입하였다.
> ㄴ. 1992년 전국 시·도에 소방본부를 설치·운영하고 광역소방행정체제로 전환하였다.
> ㄷ. 소방공무원은 공무원 분류상 경력직 공무원 중 특수 경력직 공무원에 해당한다.
> ㄹ. 소방공무원의 징계 중 경징계에는 정직, 감봉, 견책이 있다.

① ㄱ, ㄴ ② ㄱ, ㄷ
③ ㄴ, ㄷ ④ ㄱ, ㄹ

03 「재난 및 안전관리 기본법」상 우리나라 재난관리체계에 관한 설명으로 옳지 않은 것은?

① 재난 및 안전관리에 관한 중요 정책을 심의하기 위하여 국무총리 소속으로 중앙안전관리위원회를 둔다.
② 대통령령으로 정하는 대규모 재난의 대응·복구를 총괄 하기 위하여 행정안전부에 중앙재난안전대책본부를 둔다.
③ 소방본부는 인명구조, 응급처치 등 긴급 조치를 담당하는 긴급구조지원기관에 해당한다.
④ 시·도 재난안전대책본부장은 시·도지사이며, 시·도 긴급구조통제단장은 소방본부장이다.

04 「재난 및 안전관리 기본법」상 재난관리에 관한 내용이 다른 하나는 어느 것인가?

① 재난 발생을 사전에 방지하기 위하여 매년 재난대비훈련 계획을 수립하고, 관계 기관과 합동으로 재난대비훈련을 실시한다.
② 재난을 효율적으로 관리하기 위하여 재난유형에 따라 위기관리 매뉴얼을 작성·운용한다.
③ 재난 피해지역을 재해 이전 상태로 회복시키기 위하여 피해상황을 조사하고, 자체복구계획을 수립·시행한다.
④ 재난의 수습활동을 효율적으로 하기 위하여 재난관리자원의 비축·관리 및 긴급통신수단을 마련한다.

05 다음 설명에 해당하는 연소가스는?

> ㉮ 황을 함유한 가연물의 불완전연소 시 발생하며 무색의 가스이다.
> ㉯ 달걀 썩는 냄새가 나고, 후각을 마비시킨다.
> ㉰ 독성허용농도는 10ppm이다.

① 암모니아(NH_3)
② 황화수소(H_2S)
③ 이산화황(SO_2)
④ 일산화탄소(CO)

06 폭발에 대한 설명으로 옳지 않은 것은?

① 증기운폭발은 폭발물질의 물리적 상태에 따른 분류 중 기상폭발에 해당한다.
② 폭굉은 연소반응으로 발생한 화염의 전파 속도가 음속 보다 빠른 것을 말한다.
③ 블레비(BLEVE)는 액화가스저장탱크 등에서 외부열원에 의해 과열되어 급격한 압력 상승의 원인으로 파열되는 현상이며, 폭발의 분류 중 화학적 폭발에 해당한다.
④ 폭발은 물리적, 화학적 변화의 결과로 발생된 급격한 압력 상승에 의한 에너지가 외계로 전환되는 과정에서 파열, 폭음 등을 동반하는 현상을 말한다.

07 「재난 및 안전관리 기본법」상 재난의 분류가 다른 하나는?

① 「우주개발 진흥법」에 따른 자연우주물체의 추락·충돌
② 「우주개발 진흥법」에 따른 인공우주물체의 추락·충돌
③ 조류(藻類) 대발생으로 인한 피해
④ 화산활동으로 인한 피해

08 주성분이 인산염류인 제3종 분말소화약제가 다른 분말소화약제와 다르게 A급 화재에 적용할 수 있는 이유는?

① 열분해 생성물인 CO_2가 열을 흡수하므로 냉각에 의하여 소화된다.
② 열분해 생성물인 수증기가 산소를 차단하여 탈수작용을 한다.
③ 열분해 생성물인 메타인산(HPO_3)이 산소의 차단 역할을 하므로 소화가 된다.
④ 열분해 생성물인 암모니아가 부촉매작용을 하므로 소화가 된다.

09 가연성 액체의 인화점에 대한 설명으로 옳은 것은?

① 증기가 연소범위의 하한계에 이르러 점화되는 최저온도
② 증기가 발생하기 시작하는 최저온도
③ 물질이 자체의 열만으로 착화하는 최저온도
④ 발생한 화염이 지속적으로 연소하는 최저온도

10 연료지배형화재와 환기지배형화재에 대한 설명으로 옳지 않은 것은?

① 환기지배형화재는 공기공급이 충분하지 않으므로 불완전연소가 심하다.
② 연료지배형화재는 공기공급이 충분한 조건에서 발생한 화재가 일반적이다.
③ 연료지배형화재는 주로 큰 창문이나 개방된 공간에서, 환기지배형화재는 내화구조 및 콘크리트 지하층에서 발생하기 쉽다.
④ 일반적으로 플래시오버 전에는 환기지배형화재가, 이후에는 연료지배형화재가 지배적이다.

11 다음은 제3석유류에 대한 설명이다. ( ) 안에 들어갈 내용으로 옳은 것은?

> "제3석유류"라 함은 중유, 클레오소트유 그 밖에 1기압에서 (가)이 섭씨 (나)도 이상 섭씨 (다)도 미만인 것을 말한다. 다만, 도료류 그 밖의 물품은 가연성 액체량이 40중량퍼센트 이하인 것은 제외한다.

	(가)	(나)	(다)
①	발화점	70	200
②	발화점	75	250
③	인화점	70	200
④	인화점	75	250

12 화재 용어 중 화재실의 단위면적당 목재 환산 등가 가연물의 양을 의미하는 것은?

① 훈소
② 화재하중
③ 화재강도
④ 화재가혹도

13. 위험물의 종류에 따른 일반적 성상을 나타낸 것으로 옳은 것은?
   ① 산화성 고체는 환원성 물질이며 황린과 철분을 포함한다.
   ② 인화성 액체는 전기 전도체이며 휘발유와 등유를 포함 한다.
   ③ 가연성 고체는 불용성 물질이며 질산염류와 무기과산화물을 포함한다.
   ④ 자기반응성 물질은 연소 또는 폭발을 일으킬 수 있는 물질이며 유기과산화물, 질산에스테르류를 포함한다.

14. 위험물 유별 성질이 바르게 연결되지 않은 것은?
   ① 제1류 위험물 - 산화성 고체
   ② 제2류 위험물 - 가연성 고체
   ③ 제4류 위험물 - 인화성 액체
   ④ 제5류 위험물 - 자연발화성 물질

15. 화재진압 시 주수소화에 적응성 있는 위험물로 옳은 것은?
   ① 황화린
   ② 질산에스테르류
   ③ 유기금속화합물
   ④ 알칼리금속의 과산화물

16. 물 소화약제 첨가제 중 주요 기능이 물이 가지고 있는 표면장력을 낮추어 침투성을 강화시키기 위해 첨가하는 물질은?
   ① 부동제
   ② 증점제
   ③ 침투제
   ④ 유화제

17 다음 중 포 소화약제의 혼합방식을 설명한 것이다. 해당하는 것은 어느 것인가?

> 펌프 토출측 배관에 설치된 벤추리관의 벤추리작용에 의하여 포소화약제를 혼합하는 방식

① 펌프 프로포셔너방식
② 라인 프로포셔너방식
③ 프레져 프로포셔너방식
④ 프레져사이드 프로포셔너방식

18 옥내소화전설비에서 체절운전 시 수온의 상승을 방지하기 위하여 설치하여야 하는 설비는?

① 기동용수압개폐장치
② 체크밸브
③ 순환배관
④ 물올림장치

19 다음 중 공동현상(Cavitation) 방지대책에 해당하는 것을 모두 고른 것은?

> ㄱ. 펌프의 흡입 측 관경이 확대한다.
> ㄴ. 펌프의 회전속도를 크게 한다.
> ㄷ. 유체(물)의 온도를 낮춘다.
> ㄹ. 펌프의 흡입압력을 유체(물)의 증기압보다 높게 한다.
> ㅁ. 펌프의 설치위치를 수원보다 높게 한다.

① ㄱ, ㄴ, ㄷ
② ㄱ, ㄷ, ㄹ
③ ㄴ, ㄷ, ㄹ
④ ㄷ, ㄹ, ㅁ

20 소방시설의 분류와 해당 소방시설의 종류가 옳게 연결된 것은?

① 소화설비 – 옥내소화전설비, 포소화설비, 고체에어로졸소화설비
② 경보설비 – 자동화재속보설비, 자동화재탐지설비, 비상콘센트설비
③ 소화용수설비 – 상수도소화용수설비, 소화수조, 저수조, 급수탑
④ 소화활동설비 – 통합감시시설, 연결송수관설비, 무선통신보조설비

21 건물의 피난동선에 대한 설명으로 옳지 않은 것은?

① 피난동선은 가급적 단순한 형태가 좋다.
② 피난동선은 가급적 상호 반대방향으로 다수의 출구와 연결되는 것이 좋다.
③ 피난동선은 수평동선과 수직동선으로 구분한다.
④ 피난동선은 복도, 계단을 제외한 엘리베이터와 같은 피난전용 통행구조를 말한다.

22 휘발유의 위험성에 관한 설명으로 틀린 것은?

① 일반적인 고체 가연물에 비해 인화점이 낮다.
② 상온에서 가연성 증기가 발생한다.
③ 증기는 공기보다 무거워 낮은 곳에 체류한다.
④ 물보다 무거워 화재발생 시 물분무소화는 효과가 있다.

23 대두유가 침적된 기름걸레를 쓰레기통에 장시간 방치한 결과 자연발화에 의하여 화재가 발생한 경우 그 이유로 옳은 것은?

① 분해열 축적
② 산화열 축적
③ 흡착열 축적
④ 발효열 축적

24 다음 그림에서 목조건물의 표준화재온도시간곡선으로 옳은 것은?

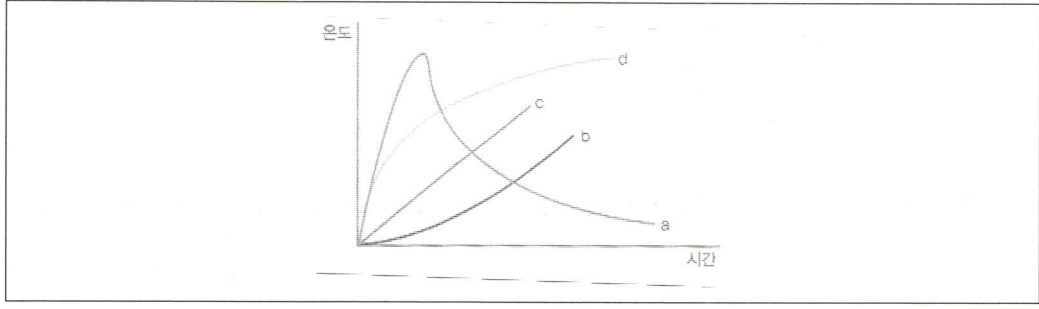

① a
② b
③ c
④ d

25 포소화약제가 갖추어야 할 조건이 아닌 것은?

① 부착성이 있을 것
② 유동성과 내열성이 있을 것
③ 응집성과 안정성이 있을 것
④ 소포성이 있고 기화가 용이할 것

제8회 소방학개론 최종모의고사

01 「위험물 안전관리법」상 위험물 운반 시 혼재가 가능한 것으로 바르게 짝지어진 것만 고른 것은?

> ㄱ. 염소산염류 – 황린
> ㄴ. 마그네슘 – 나이트로화합물
> ㄷ. 금속의 인화물 – 클레오소트유
> ㄹ. 질산에스터류 – 과산화수소
> ㅁ. 다이크로뮴산염류 – 과염소산

① ㄱ, ㄴ, ㄷ
② ㄴ, ㄷ, ㄹ
③ ㄴ, ㄷ, ㅁ
④ ㄷ, ㄹ, ㅁ

02 「재난 및 안전관리 기본법」상 중앙안전관리위원회에 관한 사항이다. 바르게 설명한 것만 고른 것은?

> ㄱ. 국무총리 소속으로 중앙안전관리위원회(이하 "중앙위원회"라 한다)를 둔다.
> ㄴ. 재난사태의 선포에 관한 사항 및 특별재난지역의 선포에 관한 사항 등을 심의한다.
> ㄷ. 중앙위원회의 위원장은 국무총리가 되고, 위원은 대통령령으로 정하는 중앙행정기관 또는 관계 기관·단체의 장이 된다.
> ㄹ. 국가핵심기반의 지정에 관한 사항 및 재난 및 안전관리기술 종합계획 등을 심의한다.
> ㅁ. 중앙위원회에 간사 1명을 두며, 간사는 행정안전부의 재난안전관리사무를 담당하는 본부장이 된다.

① ㄱ, ㄴ, ㄷ
② ㄱ, ㄴ, ㄹ
③ ㄴ, ㄷ, ㄹ
④ ㄷ, ㄹ, ㅁ

03 「소방공무원법」상 임용권자에 관한 사항이다. 소방령의 전보, 소방정의 강등, 소방준감의 복직에 대한 임용권자는 누구인가?

① 대통령
② 국무총리
③ 소방청장
④ 행정안전부장관

04 「재난 및 안전관리 기본법」상 응급조치 사항 중 시·도긴급구조통제단의 단장 및 시·군·구긴급구조통제단의 단장의 경우에 행하여야 하는 응급조치 사항을 모두 고른 것으로 맞는 것은?

> ㄱ. 경보의 발령 또는 전달이나 피난의 권고 또는 지시
> ㄴ. 긴급안전점검에 따른 안전조치
> ㄷ. 진화에 관한 응급조치
> ㄹ. 피해시설의 응급복구 및 방역과 방범, 그 밖의 질서 유지
> ㅁ. 긴급수송 및 구조 수단의 확보
> ㅂ. 현장지휘통신체계의 확보

① ㄱ, ㄴ, ㄷ
② ㄴ, ㄷ, ㄹ
③ ㄷ, ㄹ, ㅁ
④ ㄷ, ㅁ, ㅂ

05 「재난 및 안전관리 기본법」상 재난 현장에서의 긴급구조 현장지휘에 관한 사항이다. 현장지휘 사항으로 바른 것만 고른 것은?

> ㄱ. 재난현장에서 인명의 탐색·구조
> ㄴ. 재난관리 책임기관의 긴급구조요원·긴급구조지원요원 및 재난관리자원의 배치와 운용
> ㄷ. 추가 재난의 방지를 위한 응급조치
> ㄹ. 재난관리 주관기관 및 자원봉사자 등에 대한 임무의 부여
> ㅁ. 사상자의 응급처치 및 의료기관으로의 이송
> ㅂ. 긴급구조에 필요한 재난관리자원의 관리

① ㄱ, ㄴ, ㄷ, ㄹ
② ㄱ, ㄷ, ㅁ, ㅂ
③ ㄴ, ㄷ, ㄹ, ㅂ
④ ㄷ, ㄹ, ㅁ, ㅂ

06 활성화 에너지의 종류에는 화학적 에너지, 전기적 에너지, 기계적 에너지가 있다. 다음에서 설명하는 내용과 관련된 에너지는 무엇인가?

> 도체 주위에 변화하는 자장이 존재하면 전위차를 발생하고 이 전위차로 인하여 전류의 흐름이 일어난다. 이 전류에 대한 저항으로 발열이 일어나지만 발열의 원인이 자장의 변화에 의한 것이므로 (   )이라 한다.

① 저항열
② 유도열
③ 유전열
④ 아아크열

07 「재난 및 안전관리 기본법 시행령」상 긴급구조지휘대 구성·운영 등에 관한 사항이다. 다음 중 긴급구조지휘대의 구성에 해당하지 않는 사람은 누구인가?

① 현장지휘요원 ② 자원지원요원
③ 구조지휘요원 ④ 상황조사요원

08 다음에서 설명하는 현상은 무엇인가?

> 대기 중으로 대량의 가연성 기체 또는 액체가 유출되어 그로부터 발생한 가연성 증기가 공기와 혼합하여 구름과 같은 가연성 혼합기체를 형성한 후 점화원에 의하여 발생한 폭발을 말한다.

① Flash over ② Back draft
③ VCE ④ BLEVE

09 다음 설명 중 옳지 않은 것만 고른 것은?

> ㄱ. 세종 8년 6월(1426년 6월) 공조에 금화도감을 설치하였는데 이는 우리나라 최초의 소방관서이다.
> ㄴ. 1895년 경무청 처무세칙에서 "수화(水火), 소방(消防)은 난파선 및 출화(出火), 홍수(洪水) 등에 관계하는 구호에 관한 사항"으로 업무성격을 규정하였는데 여기에서 처음으로 소방이라는 용어를 사용하게 되었다.
> ㄷ. 1928년 종로에 우리나라 최초의 소방서인 경성 소방서가 설치되었다
> ㄹ. 1962년 서울과 부산에 첫 소방본부가 설치되어 자치소방체제를 유지하였으며, 기타 나머지 시·도는 정부수립시기와 같은 국가소방체제를 유지하는 이원적 소방행정체제가 시행되었다.
> ㅁ. 2020년 4월 국가소방공무원과 지방소방공무원으로 구분되어 있던 소방공무원의 계급체계를 일원화하고, 소방공무원의 계급을 종전의 국가소방공무원의 계급과 동일하게 소방총감, 소방정감, 소방감 등으로 구분하였다.

① ㄱ, ㄴ, ㄷ ② ㄱ, ㄷ, ㄹ
③ ㄴ, ㄷ, ㄹ ④ ㄴ, ㄹ, ㅁ

10 「위험물 안전관리법」상 위험물은 그 운반용기의 외부에 위험물의 품명, 수량 등을 표시하여 적재하여야 한다. 다음 중 운반 용기에 표시하여야 하는 사항을 모두 고른 것은?

> ㄱ. 위험물의 품명
> ㄴ. 위험등급
> ㄷ. 화학명 및 수용성("수용성" 표시는 제4류 위험물로서 수용성인 것에 한한다)
> ㄹ. 위험물의 수량
> ㅁ. 수납하는 위험물에 따른 주의사항

① ㄱ, ㄴ
② ㄱ, ㄴ, ㄷ
③ ㄱ, ㄴ, ㄷ, ㄹ
④ ㄱ, ㄴ, ㄷ, ㄹ, ㅁ

11 「재난 및 안전관리 기본법」상 특별재난지역의 선포에 대한 사항이다. 빈 칸에 적당한 말을 순서대로 바르게 나열한 것은?

> (㉠)은 대규모의 재난이 발생하여 국가의 안녕 및 사회질서의 유지에 중대한 영향을 미치거나 피해를 효과적으로 수습하기 위하여 특별한 조치가 필요하다고 인정하거나 지역대책본부장의 요청이 타당하다고 인정하는 경우에는 (㉡)의 심의를 거쳐 해당 지역을 특별재난지역으로 선포할 것을 (㉢)에게 건의할 수 있다.

	㉠	㉡	㉢
①	중앙재난안전대책본부장	중앙소방기술심의위원회	대통령
②	국무총리	중앙안전관리위원회	대통령
③	중앙재난안전대책본부장	중앙안전관리위원회	대통령
④	행정안전부장관	중앙소방기술심의위원회	국무총리

12 소방행정권을 사용함에 있어 어느 정도 한계를 가지고 있다는 것을 알 수 있다. 이러한 것을 소방행정권의 한계라고 하는데 다음 중 소방행정권의 한계에 해당하지 않는 것은?

① 소극목적의 원칙
② 공공의 원칙
③ 평등의 원칙
④ 비례의 원칙

13 건축물에서 화재가 발생하면 실내온도가 상승하여 부력에 의해 고온의 기체가 상부에 축적 되어 실내 상부의 압력은 실외의 압력보다 높아지고 하부의 압력은 실외의 압력보다 낮아진다. 따라서 실내의 상부와 하부 사이의 어느 지점에 실내의 압력과 실외의 압력이 같아지는 면이 생기는데 이를 중성대라고 한다. 이때 실내의 하부에 개구부가 생기면 어떻게 되는지 바르게 설명한 것은?

① 중성대는 상부로 올라간다.
② 중성대는 하부로 내려온다.
③ 중성대의 위치는 변화가 없다.
④ 넓은 시야 확보로 구조작업이 쉬워진다.

14 다음 피난방향 및 피난경로의 유형 중 중앙코어방식으로 피난자가 몰려서 중앙으로 집중되어 패닉현상이 일어날 우려가 있는 피난경로의 형태는 어느 것인가?

① 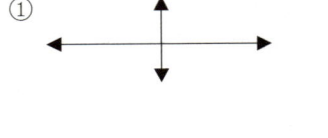   ②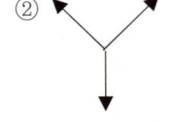

③ 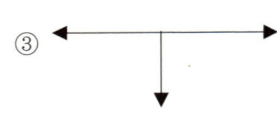   ④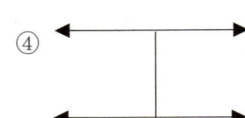

15 화재를 진압하거나 인명구조를 위해 사용하는 설비에 해당하지 않는 것은?

① 비상조명등   ② 연소방지설비
③ 비상콘센트   ④ 연결살수설비

16 다음 중 가연물의 구비조건에 관한 설명 중 틀린 것은?

① 화학적 활성도가 커야한다.
② 열전도율이 커야한다.
③ 표면적이 커야한다.
④ 열의 축적이 용이해야한다.

17 자연발화에 영향을 미치는 열과 가장 관계가 없는 것은?

① 산화열 축적에 의한 발화
② 응고열 축적에 의한 발화
③ 분해열 축적에 의한 발화
④ 흡착열 축적에 의한 변화

18 「위험물 안전관리법」상 제6류 위험물에 관한 설명으로 틀린 것은?

① 대표적인 성질은 산화성 액체이다.
② 과산화수소는 그 농도가 36 용량% 이상인 것을 말한다.
③ 분해 시 부식성이 강하여 피부의 점막을 부식시키기도 한다.
④ 지정수량은 모두 300kg 이다.

19 다음 중 인화점, 연소점, 발화점 등에 관한 내용이다. 가장 적합하지 않은 것은?

① 발화점과 인화점은 반비례 관계이다.
② 인화점과 위험성은 반비례 관계이다.
③ 연소점과 위험성은 반비례 관계이다.
④ 발화점과 위험성은 반비례 관계이다.

20 분말 소화약제의 입자의 미세도와 소화능력과의 관계를 바르게 설명한 것은 어느 것인가?

① 분말 입자의 크기와 소화능력은 아무 관계없다.
② 분말 입자가 크기가 클수록 소화효과가 증대된다.
③ 분말 입자의 크기가 미세할수록 소화효과가 증대된다.
④ 분말 입자의 크기가 너무 미세하거나 너무 클수록 소화효과가 떨어진다.

21 가연물의 화학적 연쇄반응 속도를 줄여 소화하는 방법으로 옳은 것은?

① 다량의 물을 주수하여 소화한다.
② 할로겐화합물 소화약제를 사용하여 소화한다.
③ 연소물이나 화원을 제거하여 소화한다.
④ 에멀션(emulsion) 효과를 이용하여 소화한다.

22 「위험물 안전관리법」상 위험물의 종류에 따른 소화 방법으로 옳지 않은 것은?

① 제1류 위험물인 알칼리금속의 과산화물은 물을 사용한다.
② 제2류 위험물인 마그네슘은 건조사를 사용한다.
③ 제3류 위험물인 알킬알루미늄은 건조사를 사용한다.
④ 제4류 위험물인 알코올은 내알코올포(泡, foam)를 사용한다.

23 물 소화약제 첨가제 중 주요 기능이 물의 표면장력을 작게하여 심부화재에 대한 적응성을 높여 주는 것은?

① 부동제
② 증점제
③ 침투제
④ 유화제

24 「재난 및 안전관리 기본법」상 재난관리 단계별 조치사항의 연결이 옳지 않은 것은?

① 예방단계 - 재난방지시설의 관리
② 대비단계 - 재난현장 긴급통신수단의 마련
③ 대응단계 - 특별재난지역의 선포
④ 복구단계 - 피해조사 및 복구계획 수립·시행

25 가연성 가스 중 위험도가 가장 큰 물질은? (단, 연소범위는 메탄 5 %~15 %, 에탄 3 %~12.4 %, 프로판 2.1 %~9.5 %, 부탄 1.8 %~8.4 %이다.)

① 메탄
② 에탄
③ 프로판
④ 부탄

소방학개론 최종모의고사

01 「재난 및 안전관리 기본법」 및 같은 법 시행령 상 안전정책조정위원회에 두는 실무위원회의 실무위원장은 누구인가?

① 국무총리
② 행정안전부장관
③ 행정안전부의 재난안전사무를 담당하는 본부장
④ 소방청장

02 「재난 및 안전관리 기본법」상 재난예방을 위한 긴급안전점검의 실시권자는 누구인가?

① 국무총리
② 행정안전부장관
③ 소방청장
④ 재난관리주관기관의 장

03 「소방기본법」상 소방기구를 갖춘 소방공무원·의용소방대원 또는 의무소방원으로 구성된 조직체를 무엇이라고 하는가?

① 방화관리조직 ② 자위소방대
③ 소방대 ④ 자체소방대

04 「재난 및 안전관리 기본법」상 중앙안전관리위원회의 심의사항에 관한 내용으로 옳은 것을 모두 고른 것은?

> 가. 재난 및 안전관리에 관한 중요 정책에 관한 사항
> 나. 국가안전관리기본계획에 관한 사항
> 다. 안전기준관리에 관한 사항
> 라. 재난사태의 선포에 관한 사항
> 마. 특별재난지역의 선포에 관한 사항

① 가, 나
② 가, 나, 다
③ 가, 나, 다, 라
④ 가, 나, 다, 라, 마

05 다음 중 나이트로화합물 화재 시 소화방법으로 가장 올바른 것은?

① 질식소화
② 냉각소화
③ 제거소화
④ 억제소화

06 어떤 기체가 0[℃], 1[atm]에서 부피가 10[L]일 때 질량이 22[g]이었다면 이 기체의 분자량(M)은 얼마인가?(R: 기체상수(0.082[atm·L/mol·K])

① 44
② 49
③ 54
④ 58

07 소화방법 중 제거소화와 관련이 가장 먼 것은?

① 산림 화재 시는 불의 진행방향을 앞질러가서 벌목하여 진화한다.
② 촛불을 입김으로 불어서 소화한다.
③ 타고 있는 고체나 액체의 표면의 온도를 인화점 이하로 낮추어 소화한다.
④ 유전지대 화재 시 질소폭탄을 투하하여 소화한다.

08 다음 내화구조 건축물 화재 시 화재 성장기 내용과 관련이 없는 것은?

① 화세가 점차 성장하여 실내의 온도가 상승하고(약 800[℃]정도) 개구부가 파괴 되는 시기이다.
② 연기가 백색에서 흑색으로 변한다.
③ 실내에 순간적으로 화염이 충만 하는 플래시 오버(F·O)가 발생하는 시기이다.
④ 화재 시 최고온도가 나타나는 단계다.

09 플래시 오버 발생시간(F·O·T)에 대한 설명으로 틀린 것은?

① 내장재는 난연재료보다 가연재료가 빨리 발생한다.
② 화원의 크기가 크면 발생 및 진행 시간이 빠르다.
③ 개구부의 크기가 작을 때 보다 클수록 빨리 발생한다.
④ 열전도율이 큰 내장재보다 작은 내장재가 천천히 발생한다.

10 「재난 및 안전관리 기본법」상 국가안전관리기본계획의 수립 지침을 작성하는 사람은 누구인가?

① 시·도지사
② 행정안전부장관
③ 중앙소방본부장
④ 국무총리

11 피난구조설비 중 피난구 또는 피난 경로를 알려주기 위해 사용되는 설비 중 출입구를 표시하는 기구는?

① 피난구유도등
② 통로 유도등
③ 객석유도등
④ 휴대용 비상조명등

12 다음 기체 가연물 중 위험도가 가장 큰 것은?

① 수소(4 ~ 75%)
② 아세틸렌(2.5 ~ 81%)
③ 부탄(1.8 ~ 8.4%)
④ 일산화탄소(12.5 ~ 74%)

13 화재 시 이산화탄소를 사용하여 화재를 진압하려고 할 때 실내 이산화탄소의 농도를 35[vol%]로 하여 화재를 진압하면 공기 중의 산소의 농도는 약 몇[vol%]인가?(공기 중의 산소 농도[%]는 20%로 한다.)

① 10
② 11
③ 12
④ 13

14 119구급대가 구급 출동요청을 거절할 수 있는 경우가 아닌 것은?

① 단순 치통환자
② 감기로 인해 섭씨 38도 이상의 고열 또는 호흡곤란이 있는 경우
③ 단순 열상(裂傷) 또는 찰과상(擦過傷)으로 지속적인 출혈이 없는 외상환자
④ 만성질환자로서 검진 또는 입원 목적의 이송 요청자

15 「재난 및 안전관리 기본법」상 응급조치 사항 중 시·도긴급구조통제단장 및 시·군·구긴급구조통제단장이 할 수 있는 응급조치 사항을 모두 고른 것은?

```
ㄱ. 경보의 발령 또는 전달이나 피난의 권고 또는 지시
ㄴ. 재난예방에 따른 안전조치
ㄷ. 진화에 관한 응급조치
ㄹ. 피해시설의 응급복구 및 방역과 방범, 그 밖의 질서 유지
ㅁ. 긴급수송 및 구조 수단의 확보
ㅂ. 급수 수단의 확보, 긴급피난처 및 구호품의 확보
ㅅ. 현장지휘통신체계의 확보
```

① ㄱ, ㄷ, ㅁ
② ㄴ, ㄹ, ㅂ
③ ㄷ, ㅁ, ㅅ
④ ㄹ, ㅂ, ㅅ

16 혼합기체가 연소 시 가스의 공급 압력이 연소속도 보다 느리고, 노즐이 커지면 나타날 수 있는 이상현상은?

① Back fire
② Lifting
③ Blow-off
④ Yellow Tip

17 펌프와 발포기의 중간에 설치된 벤추리관의 벤추리작용과 펌프 가압수의 포소화약제 저장탱크에 대한 압력에 따라 포소화약제를 흡입·혼합하는 방식은?

① 프레져사이드 프로포셔너방식
② 라인 프로포셔너방식
③ 프레져 프로포셔너방식
④ 펌프 프로포셔너방식

18 다음 폭발과 관련된 내용 중 틀리게 설명한 것은?

① 폭굉은 충격파에 의한 반응으로서 연소의 전파속도가 음속보다 빠른 폭발현상이다.
② 다른 공기나 가연성 가스와 혼합되지 않더라도 일정한 조건이 충족되면 발열을 동반한 급격한 압력팽창으로 인한 폭발을 분해폭발이라 한다.
③ 증기운 폭발은 밀폐 공간 내에 가연성 혼합기체가 점화원에 의한 폭발하며, 거대한 화구를 동반한다.
④ 분진폭발은 가스폭발에 비해 연소시간이 길고 발생에너지가 크기 때문에 파괴력과 그을음이 크다.

19 이산화탄소 소화약제에 관한 설명으로 틀린 것은?

① 전기의 부도체(불량도체)이므로 전기화재에 적합하다.
② 인체의 질식이 우려된다.
③ 소화약제의 방출시 소리가 거의 없으므로 주의를 요한다.
④ 장기간 저장하여도 변질·부패 또는 분해를 일으키지 않는다.

20 가압송수장치에서 유수검지장치 1차 측까지 배관 내에 항상 물이 가압되어 있고, 2차 측에서 폐쇄형 스프링클러헤드까지 대기압으로 있다가 화재발생 시 감지기의 작동으로 유수검지장치가 작동하여 스프링클러헤드까지 소화용수가 송수되어 스프링클러헤드가 열에 따라 개방되는 방식을 말하는 스프링클러설비의 종류는?

① 습식 스프링클러설비 ② 건식 스프링클러설비
③ 준비작동식 스프링클러설비 ④ 일제살수식 스프링클러설비

21 할론가스 45[kg]과 함께 기동가스로 질소(N_2) 2[kg]을 충전하였다. 이 때 질소(N_2)의 몰분율은 약 얼마인가?(단, 질소(N)의 원자량은 14, 할론가스의 분자량은 149이다.)

① 0.19
② 0.24
③ 0.31
④ 0.39

22 건물 내에서 화재가 발생하여 실내온도가 20[℃]에서 600[℃]까지 상승했다면 온도상승만으로 건물 내의 공기 부피는 처음의 약 몇 배 정도 팽창하는가?(단, 화재로 인하여 압력의 변화는 없다고 가정한다.)

① 3
② 9
③ 15
④ 30

23 다음 중 산화성인 것으로 짝지어진 것은?

① 제2류 위험물과 제4류 위험물
② 제3류 위험물과 제5류 위험물
③ 제1류 위험물과 제6류 위험물
④ 제2류 위험물과 제5류 위험물

24 「소방기본법」상 소방대장이 화재, 재난·재해, 그 밖의 위급한 상황이 발생한 현장에 소방활동구역을 정하여 소방활동에 필요한 사람으로서 그 구역에 출입이 가능하게 한 사람이 있다. 다음 중 출입이 불가능한 사람은?

① 소방활동구역 안에 있는 소방대상물의 소유자·관리자 또는 점유자
② 전기·가스·환경·통신·교통의 업무에 종사하는 사람으로서 원활한 소방활동을 위하여 필요한 사람
③ 의사·간호사 그 밖의 구조·구급업무에 종사하는 사람
④ 취재인력 등 보도업무에 종사하는 사람

25 「재난 및 안전관리 기본법」상 재난관리에 관한 내용으로 옳은 것은?

① 예방 - 재난 발생을 사전에 방지하기 위하여 매년 재난대비훈련 계획을 수립하고, 관계 기관과 합동으로 재난대비훈련을 실시한다.
② 대비 - 재난이 발생할 위험이 높거나 재난예방을 위하여 계속적으로 관리할 필요가 있다고 인정되는 지역을 특정관리대상지역으로 지정할 수 있다.
③ 대응 - 재난의 수습활동을 효율적으로 하기 위하여 재난관리자원의 비축·관리 및 긴급통신수단을 마련한다.
④ 복구 - 재난 피해지역을 재해 이전 상태로 회복시키기 위하여 피해상황을 조사하고, 자체복구계획을 수립·시행한다.

# 소방학개론 최종모의고사

01 소방공무원의 일반적인 의무사항에 해당하지 않는 것은?
① 비밀엄수의 의무　　　② 평등의 의무
③ 복종의 의무　　　　　④ 제복착용의 의무

02 지방자치단체는 재난관리에 드는 비용에 충당하기 위하여 매년 재난관리기금을 적립하여야 한다. 재난관리기금의 매년도 최저적립액은 얼마인가?
① 최근 3년 동안의 보통세의 수입결산액의 평균연액의 1% 에 해당하는 금액
② 최근 5년 동안의 보통세의 수입결산액의 평균연액의 3% 에 해당하는 금액
③ 최근 5년 동안의 보통세의 수입결산액의 평균연액의 2% 에 해당하는 금액
④ 최근 3년 동안의 보통세의 수입결산액의 평균연액의 3% 에 해당하는 금액

03 알코올 화재에 대한 설명으로 옳지 않은 것은?
① 발열량이 비교적 크다.
② 포 소화약제로 소화가 가능하다.
③ 물분무로 소화가 가능하다.
④ 화염이 없고 화재가 급격히 진행된다.

04 다음 중 화재와 관계없는 온도는?

① 기화온도 : 100[℃]
② 목재화재 : 1,200[℃]
③ 촛불 : 1,400[℃]
④ 전기용접 시 온도 : 3,000[℃]

05 물에 의한 주수소화 시 소화효과를 높이기 위한 방법은?

① 압력을 세게 하여 방사한다.
② 물줄기를 낮은 곳에서 높은 곳으로 방사한다.
③ 안개모양으로 분무하여 방사한다.
④ 많은 양의 물을 한 번에 방사한다.

06 잘고 엷은 가연물이 두텁고 큰 가연물보다 더 잘 탈 수 있는 이유로 옳게 설명한 것은?

① 공기와의 접촉 부분이 적기 때문이다.
② 마찰열이 발생하기 때문이다.
③ 표면적이 작기 때문이다.
④ 입자표면에서 전도열의 방출이 적기 때문이다.

07 비열이 0.9[cal/g·℃]인 600[g]의 가연물을 30[℃]에서 280[℃]까지 올리려고 한다면 이 물질이 필요한 총열량은 몇 [kcal]인가?

① 80
② 122
③ 135
④ 159

08 자연발화 예방대책에 대한 설명으로 옳지 않은 것은?

① 통풍이나 환기 방법 등을 고려하여 열의 축적을 방지한다.
② 활성이 강한 황린은 물속에 저장한다.
③ 반응속도가 온도에 좌우되므로 주위온도를 낮게 유지한다.
④ 가능한 한 물질을 분말상태로 저장한다.

09 목조건축물에서 화재가 발생한 경우 화재진행상황 중 화재 전기 상태의 순서로 옳은 것은?

① 화재원인 → 무염착화 → 발염착화 → 발화
② 무염착화 → 화재원인 → 발화 → 발염착화
③ 발염착화 → 무염착화 → 화재원인 → 발화
④ 발화 → 무염착화 → 발염착화 → 화재원인

10 화재에 견딜 수 있는 성능을 가진 구조로서 전소한다 하더라도 수리하여 재사용할 수 있는 구조를 무엇이라 하는가?

① 방화구조
② 난연구조
③ 내화구조
④ 불연구조

11 소화기 가압 방식에 의한 분류 중 축압식의 경우 충전가스로 사용되는 것은?

① 프로판(C_3H_8)
② 산소(O_2)
③ 질소(N_2)
④ 수소(H_2)

12 목재의 발화에너지가 충분하지 못하여 연소하지 못하고 분해가스만 방출하는 현상을 무엇이라 하는가?

① 탄화현상 ② 경화현상
③ 조해현상 ④ 용해현상

13 정전기에 의한 발화과정을 옳게 설명한 것은?

① 전하의 축적 → 방전 → 전하의 발생 → 발화
② 전하의 발생 → 전하의 축적 → 방전 → 발화
③ 방전 → 전하의 축적 → 전하의 발생 → 발화
④ 전하의 발생 → 방전 → 전하의 축적 → 발화

14 D급화재에 대해 다음 중 옳게 설명한 것은?

① 인명손실과 재산손실이 있는 모든 화재를 말한다.
② A·B급 화재 또는 A·C급 화재의 복합된 화재를 말한다.
③ 항공기 화재나 선박화재 등의 특수화재를 말한다.
④ 가연성 금속에서 발생한 화재를 말한다.

15 강화액 소화기의 사용 온도 범위로 가장 적합한 것은?

① $-30[℃]$ 이상 $40[℃]$ 이하
② $-20[℃]$ 이상 $40[℃]$ 이하
③ $-10[℃]$ 이상 $50[℃]$ 이하
④ $0[℃]$ 이상 $40[℃]$ 이하

16 목조건물 화재의 일반 현상이 아닌 것은?

① 처음에는 흑색의 연기가 창, 환기구 등으로 분출한다.
② 점차 연기량이 많아지고 지붕, 처마 등에서 연기가 새어나온다.
③ 옥내에서 연소될 때 타는 소리가 요란하다.
④ 최성기 때 화염이 외부로 유출된다.

17 표면연소와 불꽃연소에 관한 설명으로서 옳은 것은?

① 불꽃연소는 표면연소에 비해 대개 발열량이 크다.
② 표면연소에는 연쇄반응이 동반된다.
③ 증발연소는 표면연소의 한 형태이다.
④ 표면연소는 불완전연소 시에 나타나고, 불꽃연소는 완전연소 시에 나타난다.

18 이산화탄소 소화기에 대한 설명으로 옳지 않은 것은?

① 제5류 위험물에는 적응성이 없다.
② 이산화탄소가스를 고압으로 가압하여 고압·기상의 상태로 저장되어 있다.
③ 본체 용기는 고압가스 취급법에 따라 증명이 있는 것을 사용해야 한다.
④ 직사광선을 피하여 저장·배치하는 것이 바람직하다.

19 화재의 종류에 따른 가연물로 틀린 것은?

① 일반화재 : 목재, 섬유, 종이, 고무, 플라스틱
② 유류화재 : 가솔린, 등유, 경유, 알코올
③ 금속화재 : 나트륨, 칼륨, 금속분, 마그네슘, 유황
④ 가스화재 : LNG, LPG, 수소가스, 아세틸렌가스

20 50[℉], 1[lb]의 물을 1[℉] 상승시키는 데 필요한 열량은?

① 1[cal]   ② 1[BTU]
③ 1[J]   ④ 1[kW]

21 비화연소(飛火燃燒)현상은 풍향의 어느 쪽으로 발전하는가?

① 풍상(風上)   ② 풍하(風下)
③ 풍횡(風橫)   ④ 화점을 중심으로 원주 방향

22 버너의 화염에서 혼합기체의 분출속도가 연소속도를 상회하여도 연소가 일어날 수 있는 현상은?

① 블로우 오프(Blow-off)현상
② 선화(Lifting)
③ 역화(Back Fire)
④ 오일오버(Oil over)

23 「재난 및 안전관리 기본법」에서 시·도위원회의 운영과 지방자치단체의 재난 및 안전관리업무에 대하여 필요한 지원과 지도를 할 수 있는 사람은 누구인가?

① 국무총리
② 행정안전부장관
③ 소방청장
④ 시·도지사

24 제2류 위험물에 관한 설명으로 옳지 않은 것은?

① 화기나 산화제와의 접촉을 피한다.
② 연소 시 발생하는 유독가스에 주의해야 한다.
③ 금속분 화재 시에는 마른모래(건조사)에 의한 피복소화가 좋다.
④ 금속분은 산이나 물과는 반응하지 않는다.

25 소화기 사용방법 중 잘못된 것은?

① 적응화재에만 사용한다.
② 성능에 따라 화염에서 떨어져서 사용한다.
③ 바람을 등지고 풍상에서 풍하로 사용한다.
④ 양옆으로 비로 쓸 듯이 골고루 사용한다.

제11회 소방학개론 최종모의고사

01. 「재난 및 안전관리 기본법」에서 정하는 긴급구조기관에 해당하지 않는 것은?
   ① 소방청   ② 소방본부
   ③ 소방서   ④ 지방경찰청

02. 다음 중 옥내소화전 설치기준에 해당하지 않는 것은?
   ① 옥내소화전방수구는 특정소방대상물의 층마다 설치하되, 해당 특정소방대상물의 각 부분으로부터 하나의 옥내소화전방수구까지의 수평거리가 25미터 이하가 되도록 할 것
   ② 옥내소화전방수구는 바닥으로부터의 높이가 1.5미터 이하가 되도록 할 것
   ③ 옥내소화전방수구는 호스는 구경 40밀리미터(호스릴옥내소화전설비의 경우에는 20밀리미터) 이상인 것으로서 특정소방대상물의 각 부분에 물이 유효하게 뿌려질 수 있는 길이로 설치할 것
   ④ 옥내소화전방수구는 호스릴옥내소화전설비의 경우 그 노즐에는 노즐을 쉽게 개폐할 수 있는 장치를 부착할 것

03. 다음 중 화재발생 시 가스 자체의 독성은 없으나 사람의 호흡속도를 증가시키고 이로 인해 함께 존재하는 독성가스 흡입율을 증가시켜 피해를 증가시키는 가스는 무엇인가?
   ① CO   ② CO_2
   ③ SO_2 ④ HCN

04 「위험물 안전관리법」상 위험물 성상에 관한 설명 중 옳지 않은 것은?

① 제1류 위험물은 물과 반응 시 다량의 산소를 방출하는 물품도 있다.
② 제2류 위험물은 강환원성, 이연성의 물질이다.
③ 제3류 위험물은 공기 및 물과의 반응으로 발화가 가능한 물질이다.
④ 제4류 위험물은 모두 물보다 가볍고, 물에 녹는 것이 대부분이다.

05 소방서의 119종합상황실에서 소방본부의 119종합상황실로 지체 없이 보고하여야 할 사항으로서 거리가 먼 것은?

① 사망자가 5인 이상 발생한 화재
② 객실이 30실 이상인 숙박시설에서 발생한 화재
③ 층수가 15층 이상인 건축물에서 발생한 화재
④ 항구에 매어둔 총 톤수가 1천톤 이상인 선박에서 발생한 화재

06 다음 중 경보설비에 해당하지 않는 것은 무엇인가?

① 비상조명등
② 비상방송설비
③ 비상경보설비
④ 비상벨설비

07 다음 중 B급 화재에 해당하는 대형소화기의 능력단위는 몇 단위 이상인가?

① 10단위 이상
② 20단위 이상
③ 10단위 미만
④ 20단위 미만

08 전기설비의 방폭구조 중 전기설비 용기 내부에 공기, 질소, 탄산가스 등의 보호가스를 대기압 이상으로 봉입(封入)하여 당해 용기 내부에 가연성 가스 또는 증기가 침입하지 못하도록 한 구조는 무엇인가?

① 압력방폭구조　　　　　　② 안전증방폭구조
③ 유입방폭구조　　　　　　④ 본질안전방폭구조

09 연기의 유동과 관계없는 것은?

① 화재에 의한 부력
② 건축물 내의 강제적인 공기 이동
③ 외부에서의 바람의 영향
④ 전도에 의한 이동

10 소방의 발전에서 소방행정체제가 국가소방행정체제인 시기는 언제인가?

① 1945년~1948년　　　　　② 1948년~1970년
③ 1971년~1991년　　　　　④ 1992년~2019년

11 연소의 형태가 표면연소로만 나열된 것은?

① 숯, 향, 담배　　　　　　② 석탄, 종이, 코크스
③ 나프탈렌, 파라핀　　　　④ 나이트로셀룰로오스, 나이트로글리세린

12 한계산소농도에 대한 설명으로 틀린 것은?

① 가연물의 종류, 소화약제의 종류에 따라 밀접한 관계가 있다.
② 연소가 중단되는 가연성가스의 한계농도이다.
③ 한계산소농도는 질식소화와 관계가 있다.
④ 소화에 필요한 이산화탄소 소화약제의 양을 구할 때 사용될 수 있다.

13 자연발화를 방지하는 방법이 아닌 것은?

① 습도가 높은 곳에 보관한다.
② 저장실의 온도를 낮춘다.
③ 통풍을 잘 시킨다.
④ 열이 쌓이지 않게 퇴적방법에 주의한다.

14 건축물의 방화계획에서 공간적 대응에 해당되지 않는 것은?

① 대항성
② 회피성
③ 도피성
④ 난연성

15 재난이 발생할 우려가 있거나 재난이 발생하였을 때에는 즉시 관계 법령이나 재난대응활동계획 및 위기관리매뉴얼에서 정하는 바에 따라 수방(水防)·진화·구조 및 구난(救難), 그 밖에 재난 발생을 예방하거나 피해를 줄이기 위하여 필요한 응급조치를 하여야 한다. 여기서 긴급수송 및 구조 수단의 확보에 관한 응급조치권자는 누구인가?

① 소방청장　　　　　　　　② 시·도지사
③ 지역통제단장　　　　　　④ 행정안전부장관

16 경보설비 중 자동화재탐지설비의 경계구역 설정기준에서 하나의 경계구역의 면적은 몇 ㎡ 이하인가?

① 600㎡　　　　　　　　　② 700㎡
③ 900㎡　　　　　　　　　④ 1,000㎡

17 제2류 위험물에 해당하지 않는 것은?

① 황　　　　　　　　　　　② 황화인
③ 적린　　　　　　　　　　④ 칼륨

18 건축물 화재에서 플래시 오버(Flash over) 현상이 일어나는 시기는?

① 초기에서 성장기로 넘어가는 시기
② 성장기에서 최성기로 넘어가는 시기
③ 최성기에서 감쇠기로 넘어가는 시기
④ 감쇠기에서 종기로 넘어가는 시기

19 60분방화문과 30분방화문의 비차열 성능은 각각 얼마 이상이어야 하는가?

① 60분방화문 : 90분, 30분방화문 : 40분
② 60분방화문 : 60분, 30분방화문 : 30분
③ 60분방화문 : 45분, 30분방화문 : 20분
④ 60분방화문 : 30분, 30분방화문 : 10분

20 "소방"이란 용어를 처음 사용한 시기는?

① 고려시대
② 조선시대 초기(1426년)
③ 갑오경장 이후(1894년)
④ 일제강점기

21 다음 중 응급대책사항과 응급대책사항 실시권자의 연결이 바르지 못한 것은?

① 응급조치 – 시장·군수·구청장과 지역통제단장
② 동원명령 – 중앙대책본부장과 시장·군수·구청장
③ 강제대피조치 – 시·도지사와 지역통제단장
④ 위험구역의 설정 – 시장·군수·구청장과 지역통제단장

22 피난계획의 일반원칙 중 Fool proof 원칙에 해당하는 것은?

① 소화설비, 경보기기위치, 유도표지에 쉬운 판별을 위한 색채를 이용한다.
② 피난로를 2방향으로 설치하는 것을 원칙으로 한다.
③ 피난 시 피난수단은 원시적인 방법으로 한다.
④ 피난 시 피난설비는 고정적인 시설로 한다.

23 다음 중 위험물에 관한 내용 중 틀린 것은?

① 유황은 순도가 60중량% 이상인 것을 말한다.
② 인화성고체는 고형알코올, 그 밖에 1기압에서 인화점이 40℃ 미만인 고체를 말한다.
③ 제1석유류라 함은 아세톤, 휘발유, 그 밖에 1기압에서 인화점이 섭씨 21℃ 미만인 것을 말한다.
④ 과산화수소는 그 농도가 36용량% 이상이며, 질산은 그 비중이 1.49 이상인 것을 말한다.

24 다음은 건축물의 방화관리에 관한 내용이다. 목조건축물에 설치하는 방화벽의 구조로 적절하지 않은 것은?

① 내화구조이어야 한다.
② 자립할 수 있는 구조이어야 한다.
③ 방화벽은 건축물의 외벽면 및 지붕면으로부터 0.3m 이상 돌출되도록 한다.
④ 방화벽에 설치하는 출입문의 너비 및 높이는 각각 2.5m 이하로 하여야 한다.

25 건물 내 공기의 이동은 대부분 굴뚝효과이다. 이러한 굴뚝효과에 영향을 주는 영향 인자가 아닌 것은?

① 실내·외의 온도차
② 외벽의 기밀도
③ 건물의 층간 공기누출
④ 각 층의 바닥면적

소방학개론 최종모의고사

01 「재난 및 안전관리 기본법 시행령」상 긴급구조기관의 장이 수립하는 재난유형별 긴급구조대응계획에 포함되어야 할 내용으로 옳은 것은?

> ㄱ. 긴급구조대응계획의 기본방침과 절차
> ㄴ. 긴급구조대응계획의 목적 및 적용범위
> ㄷ. 주요 재난유형별 대응 매뉴얼에 관한 사항
> ㄹ. 비상경고 방송메시지 작성 등에 관한 사항
> ㅁ. 긴급구조대응계획의 운영책임에 관한 사항
> ㅂ. 재난 발생 단계별 주요 긴급구조 대응활동 사항

① ㄱ, ㄴ, ㄷ
② ㄱ, ㄴ, ㅁ
③ ㄴ, ㄹ, ㅂ
④ ㄷ, ㄹ, ㅂ

02 「화재조사 및 보고규정」상 화재합동조사단 운영 및 종료에 관한 내용으로 옳지 않은 것은?

① 소방청장은 사상자가 50명 이상이거나 2개 시·도 이상에 걸쳐 발생한 화재(임야화재는 제외한다. 이하 같다) 인 경우 화재합동조사단을 구성하여 운영하는 것을 원칙으로 한다.
② 소방본부장은 사상자가 20명 이상이거나 2개 시·군·구 이상에 발생한 화재 인 경우 화재합동조사단을 구성하여 운영하는 것을 원칙으로 한다.
③ 소방서장은 사망자가 5명 이상이거나 사상자가 10명 이상 또는 재산피해액이 100억원 이상 발생한 화재 인 경우 화재합동조사단을 구성하여 운영하는 것을 원칙으로 한다.
④ 소방관서장은 화재합동조사단의 조사가 완료되었거나, 계속 유지할 필요가 없는 경우 업무를 종료하고 해산시킬 수 있다.

03 건축물 화재 시 나타나는 중성대에 관한 설명으로 옳지 않은 것은?

① 건물 내부의 압력이 외부의 압력과 일치하는 수직적인 위치가 생기는데, 이 위치를 중성대라 한다.
② 중성대 상부는 기체가 실내에서 외부로 유출되고 중성대 하부는 외부에서 실내로 기체가 유입된다.
③ 중성대 상부는 열과 연기로부터 생존이 어려운 지역이고 중성대 하부는 신선한 공기로 인해 생존 가능성이 높은 지역이다.
④ 중성대 하부 개구부를 개방하면 공기가 유입되면서 연기가 오부로 배출되어 중성대가 위로 상승하고 중성대 하부 면적이 커져 소화활동이 용이하게 된다.

04 연소범위에 대한 설명으로 옳지 않은 것은?

① 산소농도가 높아지면 연소범위가 넓어진다.
② 불활성 가스의 농도가 높아지면 연소범위가 좁아진다.
③ 일산화탄소(CO)는 압력이 높아지면 연소범위가 좁아진다.
④ 가연성 가스의 압력이 높아지면 연소범위는 좁아진다.

05 기상폭발에 해당하는 현상으로 옳은 것은?

ㄱ. 고체인 무정형 안티몬이 동일한 고상의 안티몬으로 전이할 때 발열함으로써 주위의 공기가 팽창하여 폭발한다.
ㄴ. 가연성 가스와 조연성 가스가 일정 비율로 혼합된 가연성 혼합기는 발화원에 의해 착화되면 가스폭발을 일으킨다.
ㄷ. 기체 분자가 분해할 때 발열하는 가스는 단일 성분의 가스라고 해도 발화원에 의해 착화되면 혼합가스와 같이 가스폭발을 일으킨다.
ㄹ. 공기 중에 분출된 가연성 액체가 미세한 액적이 되어 무상으로 공기 중에 부유하고 있을 때 착화에너지가 주어지면 폭발이 발생한다.
ㅁ. 보일러와 같이 고압의 포화수를 저장하고 있는 용기가 파손 등의 원인으로 동체의 일부분이 열리면 용기 내압이 급속히 하락되어 일부 액체가 급속히 기화하면서 증기압이 급상승하여 용기가 파괴된다.

① ㄱ, ㄴ, ㄷ
② ㄱ, ㄴ, ㄹ
③ ㄴ, ㄷ, ㄹ
④ ㄴ, ㄷ, ㅁ

06 가스 연소 시 발생되는 이상현상에 대한 설명으로 옳지 않은 것은?

① 불완전연소란 공기의 공급량이 부족할 때 일산화탄소, 그을음 등이 발생하는 현상이다.
② 블로우오프란 선화상태에서 연료가스의 분출속도가 증가하거나 공기의 유동이 강하여 불꽃이 노즐에서 정착되지 않고 떨어져서 꺼져버리는 현상이다.
③ 선화란 연료가스의 분출속도가 연소속도보다 빠를 때 불꽃이 노즐에 정착되지 않고 떨어져서 연소하는 현상이다.
④ 역화란 기체 연료를 연소시킬 때 혼합가스의 압력이 비정상적으로 높거나 혼합가스의 양이 너무 많을 때 발생되는 이상 연소현상이다.

07 화재 시 발생하는 유독가스에 대한 설명으로 옳은 것은?

① 황화수소(H_2S) : 질소 성분을 가지고 있는 합성수지, 동물의 털, 인조견 등의 섬유가 불완전 연소할 때 발생하는 맹독성 가스로, 0.3%의 농도에서 즉시 사망할 수 있다.
② 암모니아(NH_3) : 질소 함유물이 연소할 때 발생하고, 냉동시설의 냉매로 많이 쓰이고 있으므로 냉동창고 화재 시 누출 가능성이 크며, 독성의 허용 농도는 25ppm이다.
③ 염화수소(HCl) : 열가소성 수지인 폴리염화비닐(PVC), 수지류 등이 연소할 때 발생되는 연소생성물로서 발생량은 적지만 유독성이 큰 맹독성가스이며, 독성의 허용 농도는 10ppm이다.
④ 포스겐($COCl_2$) : 폴리염화비닐(PVC)과 같이 염소가 함유된 수지류가 탈 때 주로 생성되는 독성의 허용 농도는 5ppm이며 향료, 염료, 의약, 농약 등의 제조에 이용되고 있고, 자극성이 아주 강해 눈과 호흡기에 영향을 준다.

08 「재난 및 안전관리 기본법」 및 같은 법 시행령 상 효율적인 재난관리를 위해 실시하는 예방, 대비, 대응 및 복구 활동에 관한 내용으로 옳지 않은 것은?

① 국무총리는 국가안전관리기본계획을 5년마다 수립하여야 한다.
② 안전점검의 날은 매월 4일로 하고, 방재의 날은 매년 5월 25일로 한다.
③ 훈련주관기관의 장은 관계 기관과 합동으로 참여하는 재난대비훈련을 각각 소관 분야별로 주관하여 연1회 이상 실시하여야 한다.
④ 소방청장은 5년마다 재난 및 안전관리에 관한 과학기술의 진흥을 위하여 재난 및 안전관리기술개발종합계획을 수립하여야 한다.

09 다음 조건에 따라 계산한 혼합기체의 연소하한계는?

- 르샤트리에 공식을 이용한다.
- 혼합기체의 체적농도는 A기체 60%, B기체 40%이다.
- 연소하한계는 A기체 3.0%, B기체 2.0%이다.

① 1.0%
② 1.5%
③ 2.0%
④ 2.5%

10 특수화재현상 중 플래시오버(Flash over)와 롤오버(Roll over)에 대한 설명으로 옳지 않은 것은?

① 롤오버는 실의 상부에 있는 가연성 가스가 발화온도 이상 도달했을 때 발화하는 현상이다.
② 플래시오버는 화염이 순간적으로 공간 전체로 확대된다.
③ 플래시오버는 공간 내 전체 가연물에서 동시에 발화하는 현상이다.
④ 롤오버 시 발생되는 복사열은 플래시오버 시 발생되는 복사열보다 강하다.

11 화재용어에 대한 설명으로 옳지 않은 것은?

① 가연물의 비표면적이 클수록 화재강도는 증가한다.
② 전체 가연물의 양(발열량)이 동일할 때 화재실의 바닥면적이 커지면 화재하중은 증가한다.
③ 화재강도와 화재하중이 클수록 화재가혹도는 높아진다.
④ 최고온도에서 연소시간이 지속될수록 화재가혹도는 높아진다.

12 가연성 물질의 연소 형태로 옳은 것은?

> ㄱ. 분해연소 : 목재, 종이
> ㄴ. 확산연소 : 나프탈렌, 황
> ㄷ. 표면연소 : 코크스, 금속분
> ㄹ. 증발연소 : 가솔린엔진, 분젠버너
> ㅁ. 자기연소 : 질산에스터류, 나이트로화합물류

① ㄱ, ㄴ, ㄹ ② ㄱ, ㄷ, ㄹ
③ ㄱ, ㄷ, ㅁ ④ ㄴ, ㄹ, ㅁ

13 자동화재탐지설비의 경계구역 설정에 대한 기준이다. ( ) 안에 들어갈 내용으로 옳은 것은?

> 하나의 경계구역의 면적은 (ㄱ)m² 이하로 하고, 한 변의 길이는 (ㄴ)m 이하로 할 것. 다만, 해당 특정소방대상물의 주된 출입구에서 그 내부 전체가 보이는 것에 있어서는 한 변의 길이가 (ㄷ)m의 범위 내에서 (ㄹ)m² 이하로 할 수 있다.

	ㄱ	ㄴ	ㄷ	ㄹ
①	500	50	60	800
②	500	60	50	1,000
③	600	50	50	800
④	600	50	50	1,000

14 제거소화방법으로 옳은 것은?

> ㄱ. 전기화재 시 전원 차단
> ㄴ. 가스화재 시 가스공급 차단
> ㄷ. 일반화재 시 옥내소화전 사용
> ㄹ. 유류화재 시 포소화약제 사용
> ㅁ. 산불화재 시 방화선(도로) 구축

① ㄱ, ㄴ, ㄹ ② ㄱ, ㄴ, ㅁ
③ ㄴ, ㄷ, ㄹ ④ ㄴ, ㄹ, ㅁ

15 유류화재의 이상 현상에 대한 설명으로 옳은 것은?

① 프로스오버(Froth over): 점성이 큰 뜨거운 유류표면 아래에서 물이 끓을 때 화재를 수반하지 않고 유류가 넘치는 현상
② 슬롭오버(Slop over) : 탱크 내의 유류가 50% 미만 저장된 경우, 화재로 인한 내부 압력 상승으로 탱크가 폭발하는 현상
③ 오일오버(Oil over) : 중질유 탱크 화재 시 액면의 뜨거운 열파가 탱크 하부로 전달될 때, 탱크 하부에 존재하고 있던 에멀션(emulsion)상태의 물을 기화시켜 물의 급격한 부피 팽창으로 탱크 내의 유류가 분출하는 현상
④ 링파이어(Ring fire) : 액화가스저장 탱크의 외부 화재로 탱크가 장시간 과열되면 내부 액화가스의 급격한 비등·팽창으로 탱크 내부 압력이 급격히 증가되고, 최종적으로 탱크의 설계압력 초과로 탱크가 폭발하는 현상

16 염소산류, 과염소산염류, 알칼리금속의 과산화물, 질산염류, 과망가니즈산염류의 특징과 화재 시 소화방법 대한 설명 중 틀린 것은?

① 그 자체가 가연성이며 폭발성을 지니고 있어 화약류 취급 시와 같이 주의를 요한다.
② 가연물, 유기물, 기타 산화하기 쉬운 물질과 혼합물은 가열, 충격, 마찰 등에 의해 폭발하는 수도 있다.
③ 알칼리금속의 과산화물을 제외하고 다량의 물로 냉각소화 한다.
④ 가열 등에 의해 분해하여 산소를 발생하고 화재 시 산소의 공급원 역할을 한다.

17 우리나라 소방행정에 관한 설명으로 옳은 것은?

> ㄱ. 미군정 시대에는 소방행정을 경찰에서 분리하여 자치 소방행정체제를 도입하였다.
> ㄴ. 1992년 전국 시·도에 소방본부를 설치·운영하고 광역소방행정체제로 전환하였다.
> ㄷ. 소방공무원은 공무원 분류상 경력직 공무원 중 특수 경력직 공무원에 해당한다.
> ㄹ. 소방공무원의 징계 중 경징계에는 정직, 감봉, 견책이 있다.

① ㄱ, ㄴ   ② ㄱ, ㄷ
③ ㄴ, ㄷ   ④ ㄱ, ㄹ

18 「재난 및 안전관리 기본법」상 우리나라 재난관리체계에 관한 설명으로 옳지 않은 것은?

① 재난 및 안전관리에 관한 중요 정책을 심의하기 위하여 국무총리 소속으로 중앙안전관리위원회를 둔다.
② 대통령령으로 정하는 대규모 재난의 대응·복구를 총괄 하기 위하여 행정안전부에 중앙재난안전대책본부를 둔다.
③ 소방본부는 인명구조, 응급처치 등 긴급 조치를 담당하는 긴급구조지원기관에 해당한다.
④ 시·도 재난안전대책본부장은 시·도지사이며, 시·도 긴급구조통제단장은 소방본부장이다.

19 「재난 및 안전관리 기본법」상 재난관리에 관한 내용이 다른 하나는 어느 것인가?

① 재난 발생을 사전에 방지하기 위하여 매년 재난대비훈련 계획을 수립하고, 관계 기관과 합동으로 재난대비훈련을 실시한다.
② 재난을 효율적으로 관리하기 위하여 재난유형에 따라 위기관리 매뉴얼을 작성·운용한다.
③ 재난 피해지역을 재해 이전 상태로 회복시키기 위하여 피해상황을 조사하고, 자체복구계획을 수립·시행한다.
④ 재난의 수습활동을 효율적으로 하기 위하여 재난관리자원의 비축·관리 및 긴급통신수단을 마련한다.

20 「재난 및 안전관리 기본법」상 재난의 분류가 다른 하나는?

① 태풍, 홍수, 호우(豪雨)등으로 인한 피해
② 화재·붕괴·폭발등으로 인한 피해
③ 국가핵심기반의 마비
④ 「가축전염병예방법」에 따른 가축전염병의 확산

21 주성분이 인산염류인 제3종 분말소화약제가 다른 분말소화약제와 다르게 A급 화재에 적용할 수 있는 이유는?

① 열분해 생성물인 CO_2가 열을 흡수하므로 냉각에 의하여 소화된다.
② 열분해 생성물인 수증기가 산소를 차단하여 탈수작용을 한다.
③ 열분해 생성물인 메타인산(HPO_3)이 산소의 차단 역할을 하므로 소화가 된다.
④ 열분해 생성물인 암모니아가 부촉매작용을 하므로 소화가 된다.

22 인화성 액체의 인화점에 대한 설명으로 옳은 것은?

① 증기가 연소범위의 하한계에 이르러 점화되는 최저온도
② 증기가 발생하기 시작하는 최저온도
③ 물질이 자체의 열만으로 착화하는 최저온도
④ 발생한 화염이 지속적으로 연소하는 최저온도

23 연료지배형화재와 환기지배형화재에 대한 설명으로 옳지 않은 것은?

① 환기지배형화재는 공기공급이 충분하지 않으므로 불완전연소가 심하다.
② 연료지배형화재는 공기공급이 충분한 조건에서 발생한 화재가 일반적이다.
③ 연료지배형화재는 주로 큰 창문이나 개방된 공간에서, 환기지배형화재는 내화구조 및 콘크리트 지하층에서 발생하기 쉽다.
④ 일반적으로 플래시오버 전에는 환기지배형화재가, 이후 에는 연료지배형화재가 지배적이다.

24 다음은 제3석유류에 대한 설명이다. ( ) 안에 들어갈 내용으로 옳은 것은?

> "제3석유류"라 함은 중유, 클레오소트유 그 밖에 1기압에서 (가)이 섭씨 (나)도 이상 섭씨 (다)도 미만인 것을 말한다. 다만, 도료류 그 밖의 물품은 가연성 액체량이 40중량퍼센트 이하인 것은 제외한다.

	(가)	(나)	(다)
①	발화점	70	200
②	발화점	75	250
③	인화점	70	200
④	인화점	75	250

25 다음의 가연성 물질 중 위험도가 가장 높은 것은?

구분	수소	에틸렌	디에틸에테르	산화에틸렌
연소범위	4~75%	3~36%	1.9~48	3~80

① 수소 ② 에틸렌
③ 디에틸에테르 ④ 산화애틸렌

진수眞髓: 가장 중요하고 본질적인
소방학개론 최종 모의고사

제1회 소방학개론 최종모의고사 정답 및 해설

2025 진수 소방학개론 최종모의고사

01	02	03	04	05	06	07	08	09	10
②	④	②	③	①	①	③	①	③	②
11	12	13	14	15	16	17	18	19	20
③	②	④	③	④	④	③	①	③	①
21	22	23	24	25					
③	②	④	①	③					

01 ②

$$위험도 = \frac{연소상한계 - 연소하한계}{연소하한계}$$

① 수소 $= \dfrac{75 - 4}{4} = 17.8$

② 아세틸렌 $= \dfrac{81 - 2.5}{2.5} = 31.4$

③ 부탄 $= \dfrac{8.4 - 1.8}{1.8} = 3.7$

④ 일산화탄소 $= \dfrac{74 - 12.5}{12.5} = 4.9$

02 ④

※ 공기 중의 산소 농도

$$O_2(\%) = 20 - \left(\frac{20 \times CO_2(\%)}{100}\right)$$

$$= 20 - \left(\frac{20 \times 30}{100}\right)$$

$$= 20 - 6 = 14(\%)$$

여기서, CO_2: 최소 소화이론농도[%]

O_2: 약제 방출로 인한 산소농도[%](공기중산소농도[%]는 20%로 한다.)

03 ②

구급대원은 구급대상자가 다음 각 호의 어느 하나에 해당하는 비응급환자인 경우에는 구급출동 요청을 거절할 수 있다. 이 경우 구급대원은 구급대상자의 병력·증상 및 주변 상황을 종합적으로 평가하여 구급대상자의 응급 여부를 판단하여야 한다.
1. 단순 치통환자
2. 단순 감기환자. 다만, 섭씨 38도 이상의 고열 또는 호흡곤란이 있는 경우는 제외한다.
3. 혈압 등 생체징후가 안정된 타박상 환자
4. 술에 취한 사람. 다만, 강한 자극에도 의식이 회복되지 아니하거나 외상이 있는 경우는 제외한다.
5. 만성질환자로서 검진 또는 입원 목적의 이송 요청자
6. 단순 열상(裂傷) 또는 찰과상(擦過傷)으로 지속적인 출혈이 없는 외상환자
7. 병원 간 이송 또는 자택으로의 이송 요청자. 다만, 의사가 동승한 응급환자의 병원 간 이송은 제외한다.

04 ③

「재난 및 안전관리 기본법」제37조(응급조치)
① 제50조제2항에 따른 시·도긴급구조통제단 및 시·군·구긴급구조통제단의 단장(이하 "지역통제단장"이라 한다)과 시장·군수·구청장은 재난이 발생할 우려가 있거나 재난이 발생하였을 때에는 즉시 관계 법령이나 재난대응활동계획 및 위기관리 매뉴얼에서 정하는 바에 따라 수방(水防)·진화·구조 및 구난(救難), 그 밖에 재난 발생을 예방하거나 피해를 줄이기 위하여 필요한 다음 각 호의 응급조치를 하여야 한다. 다만, 지역통제단장의 경우에는 제2호 중 진화에 관한 응급조치와 제4호 및 제6호의 응급조치만 하여야 한다.
  1. 경보의 발령 또는 전달이나 피난의 권고 또는 지시
  1의2. 제31조에 따른 안전조치
  2. 진화·수방·지진방재, 그 밖의 응급조치와 구호
  3. 피해시설의 응급복구 및 방역과 방범, 그 밖의 질서 유지
  4. 긴급수송 및 구조 수단의 확보
  5. 급수 수단의 확보, 긴급피난처 및 구호품의 확보
  6. 현장지휘통신체계의 확보
  7. 그 밖에 재난 발생을 예방하거나 줄이기 위하여 필요한 사항으로서 대통령령으로 정하는 사항

05 ①

역화(백화이어, Back fire) : 가연성 기체의 분출 속도가 연소 속도보다 느리면 불꽃이 버너의 염공 속으로 진입하는 현상

※ **역화의 원인**
  ① 가스의 분출속도가 느려진 경우
  ② 가스의 공급량이 감소된 경우
  ③ 노즐이 뜨거워진 경우
  ④ 관경이 넓어진 경우

06 ①

※ **포 소화약제 혼합방식**
- "펌프 프로포셔너방식"이란 펌프의 토출관과 흡입관 사이의 배관 도중에 설치한 흡입기에 펌프에서 토출된 물의 일부를 보내고, 농도 조절밸브에서 조정된 포 소화약제의 필요량을 포 소화약제 탱크에서 펌프 흡입 측으로 보내어 이를 혼합하는 방식을 말한다.
- "라인 프로포셔너방식"이란 펌프와 발포기의 중간에 설치된 벤추리관의 벤추리작용에 따라 포 소화약제를 흡입·혼합하는 방식을 말한다.
- "프레져 프로포셔너방식"이란 펌프와 발포기의 중간에 설치된 벤추리관의 벤추리작용과 펌프 가압수의 포 소화약제 저장탱크에 대한 압력에 따라 포 소화약제를 흡입·흔합하는 방식을 말한다.
- "프레져사이드 프로포셔너방식"이란 펌프의 토출관에 압입기를 설치하여 포 소화약제 압입용 펌프로 포 소화약제를 압입시켜 혼합하는 방식을 말한다.

07 ③

※ 위험물 운반 시 혼재가능 여부

구 분	제1류	제2류	제3류	제4류	제5류	제6류
제1류		×	×	×	×	○
제2류	×		×	○	○	×
제3류	×	×		○	×	×
제4류	×	○	○		○	×
제5류	×	○	×	○		×
제6류	○	×	×	×	×	

1. "×" 표시는 혼재할 수 없음을 표시한다.
2. "○" 표시는 혼재할 수 있음을 표시한다.
3. 이 표는 지정수량의 $\frac{1}{10}$ 이하의 위험물에 대하여는 적용하지 아니한다.

08 ①

「재난 및 안전관리 기본법」 제9조 (중앙안전관리위원회)
① 재난 및 안전관리에 관한 다음 각 호의 사항을 심의하기 위하여 국무총리 소속으로 중앙안전관리위원회(이하 "중앙위원회"라 한다)를 둔다.
  1. 재난 및 안전관리에 관한 중요 정책에 관한 사항
  2. 제22조에 따른 국가안전관리기본계획에 관한 사항
  2의2. 제10조의2에 따른 재난 및 안전관리 사업 관련 중기사업계획서, 투자우선순위 의견및 예산요구서에 관한 사항
  3. 중앙행정기관의 장이 수립·시행하는 계획, 점검·검사, 교육·훈련, 평가 등 재난 및 안전관리업무의 조정에 관한 사항
  3의2. 안전기준관리에 관한 사항
  4. 제36조에 따른 재난사태의 선포에 관한 사항
  5. 제60조에 따른 특별재난지역의 선포에 관한 사항
  6. 재난이나 그 밖의 각종 사고가 발생하거나 발생할 우려가 있는 경우 이를 수습하기 위한 관계 기관 간 협력에 관한 중요 사항
  6의2. 재난안전의무보험의 관리·운용 등에 관한 사항
  7. 중앙행정기관의 장이 시행하는 대통령령으로 정하는 재난 및 사고의 예방사업 추진에 관한 사항
  8. 그 밖에 위원장이 회의에 부치는 사항
② 중앙위원회의 위원장은 국무총리가 되고, 위원은 대통령령으로 정하는 중앙행정기관 또는 관계 기관·단체의 장이 된다.
③ 중앙위원회의 위원장은 중앙위원회를 대표하며, 중앙위원회의 업무를 총괄한다.
④ 중앙위원회에 간사 1명을 두며, 간사는 행정안전부장관이 된다.
⑤ 중앙위원회의 위원장이 사고 또는 부득이한 사유로 직무를 수행할 수 없을 때에는 행정안전부장관, 대통령령으로 정하는 중앙행정기관의 장 순으로 위원장의 직무를 대행한다.
⑥ 제5항에 따라 행정안전부장관 등이 중앙위원회 위원장의 직무를 대행할 때에는 행정안전부의 재난안전관리사무를 담당하는 본부장이 중앙위원회 간사의 직무를 대행한다.

⑦ 중앙위원회는 제1항 각 호의 사무가 국가안전보장과 관련된 경우에는 국가안전보장회의와 협의하여야 한다.
⑧ 중앙위원회의 위원장은 그 소관 사무에 관하여 재난관리책임기관의 장이나 관계인에게 자료의 제출, 의견 진술, 그 밖에 필요한 사항에 대하여 협조를 요청할 수 있다. 이 경우 요청을 받은 사람은 특별한 사유가 없으면 요청에 따라야 한다.
⑨ 중앙위원회의 구성과 운영 등에 필요한 사항은 대통령령으로 정한다.

09 ③

「소방공무원법」 제6조 (임용권자)
① 소방령 이상의 소방공무원은 소방청장의 제청으로 국무총리를 거쳐 대통령이 임용한다. 다만, 소방총감은 대통령이 임명하고, 소방령 이상 소방준감 이하의 소방공무원에 대한 전보, 휴직, 직위해제, 강등, 정직 및 복직은 소방청장이 한다.
② 소방경 이하의 소방공무원은 소방청장이 임용한다.

10 ②

「재난 및 안전관리 기본법」 제52조 (긴급구조 현장지휘)
① 재난현장에서는 시·군·구긴급구조통제단장이 긴급구조활동을 지휘한다. 다만, 치안활동과 관련된 사항은 관할 경찰관서의 장과 협의하여야 한다.
② 제1항에 따른 현장지휘는 다음 각 호의 사항에 관하여 한다.
   1. 재난현장에서 인명의 탐색·구조
   2. 긴급구조기관 및 긴급구조지원기관의 인력·장비의 배치와 운용
   3. 추가 재난의 방지를 위한 응급조치
   4. 긴급구조지원기관 및 자원봉사자 등에 대한 임무의 부여
   5. 사상자의 응급처치 및 의료기관으로의 이송
   6. 긴급구조에 필요한 물자의 관리
   7. 현장접근 통제, 현장 주변의 교통정리, 그 밖에 긴급구조활동을 효율적으로 하기 위하여 필요한 사항

11 ③

「재난 및 안전관리 기본법 시행령」 제65조 (긴급구조지휘대 구성·운영)
① 법 제55조제2항에 따른 긴급구조지휘대는 다음 각 호의 사람으로 구성하여야 한다.
   1. 현장지휘요원
   2. 자원지원요원
   3. 통신지원요원
   4. 안전관리요원
   5. 상황조사요원
   6. 구급지휘요원

12 ②

※ 우리나라 소방의 역사
• 세종 8년 2월(1426년 2월) 병조에 금화도감을 설치하였는데 이는 우리나라 최초의 소방관서이다.
• 1895년 경무청 처무세칙에서 "수화(水火), 소방(消防)은 난파선 및 출화(出火), 홍수(洪水) 등에 관계하

는 구호에 관한 사항"으로 업무성격을 규정하였는데 여기에서 처음으로 소방이라는 용어를 사용하게 되었다.
- 1925년 종로에 우리나라 최초의 소방서인 경성 소방서가 설치되었다
- 1972년 서울과 부산에 첫 소방본부가 설치되어 자치소방체제를 유지하였으며, 기타 나머지 시·도는 정부 수립시기와 같은 국가소방체제를 유지하는 이원적 소방행정체제가 시행되었다.
- 2020년 4월 국가소방공무원과 지방소방공무원으로 구분되어 있던 소방공무원의 계급체계를 일원화하고, 소방공무원의 계급을 종전의 국가소방공무원의 계급과 동일하게 소방총감, 소방정감, 소방감 등으로 구분하였다.

13 ④

위험물은 그 운반용기의 외부에 다음 각 목에 정하는 바에 따라 위험물의 품명, 수량 등을 표시하여 적재하여야 한다. 다만, UN의 위험물 운송에 관한 권고(RTDG, Recommendations on the Transport of Dangerous Goods)에서 정한 기준 또는 소방청장이 정하여 고시하는 기준에 적합한 표시를 한 경우에는 그러하지 아니하다.
① 위험물의 품명·위험등급·화학명 및 수용성("수용성" 표시는 제4류 위험물로서 수용성인 것에 한한다)
② 위험물의 수량
③ 수납하는 위험물에 따라 다음의 규정에 의한 주의사항

- 제1류 위험물
  - 알칼리금속의 과산화물 : 화기·충격주의, 물기엄금, 가연물접촉주의
  - 그 밖의 것 : 화기·충격주의, 가연물접촉주의
- 제2류 위험물
  - 철분·금속분·마그네슘 : 화기주의, 물기엄금
  - 인화성 고체 : 화기엄금
  - 그 밖의 것 : 화기주의
- 제3류 위험물
  - 자연발화성 물질 : 화기엄금, 공기접촉엄금
  - 금수성 물질 : 물기엄금
- 제4류 위험물 : 화기엄금
- 제5류 위험물 : 화기엄금, 충격주의
- 제6류 위험물 : 가연물접촉주의

14 ③

「재난 및 안전관리 기본법」 제60조 (특별재난지역의 선포)
① 중앙대책본부장은 대통령령으로 정하는 규모의 재난이 발생하여 국가의 안녕 및 사회질서의 유지에 중대한 영향을 미치거나 피해를 효과적으로 수습하기 위하여 특별한 조치가 필요하다고 인정하거나 제4항에 따른 지역대책본부장의 요청이 타당하다고 인정하는 경우에는 중앙위원회의 심의를 거쳐 해당 지역을 특별재난지역으로 선포할 것을 대통령에게 건의할 수 있다.
② 제1항에 따라 대통령령으로 재난의 규모를 정할 때에는 다음 각 호의 사항을 고려하여야 한다.
　1. 인명 또는 재산의 피해 정도
　2. 재난지역 관할 지방자치단체의 재정 능력
　3. 재난으로 피해를 입은 구역의 범위

③ 제1항에 따라 특별재난지역의 선포를 건의받은 대통령은 해당 지역을 특별재난지역으로 선포할 수 있다.
④ 지역대책본부장은 관할지역에서 발생한 재난으로 인하여 제1항에 따른 사유가 발생한 경우에는 중앙대책본부장에게 특별재난지역의 선포 건의를 요청할 수 있다.

15 ④

※ 분말 입자의 크기와 소화능력
분말은 미세할수록 표면적이 커져서 화염과 접촉면이 커지고 반응속도도 빨라지므로 소화능력이 향상된다. 하지만 너무 미세할수록 방사거리는 짧아지므로 화원으로 침투가 곤란하게 된다. 따라서 너무 미세하거나 너무 클수록 소화능력은 떨어진다. 적당한 크기는 20~25㎛이다.

16 ④

스테판-볼츠만의 법칙에 의해서 복사에너지는 복사체와 목적물의 절대온도의 4승에 비례한다.($q \propto_\sigma T^4$). 따라서 이를 계산하면

$$\frac{T_2}{T_1} = \frac{(750+273)}{(350+273)} = 1.642$$

여기서, T_1 : 초기온도[K], T_2 : 나중온도[K]

$q \propto_\sigma T^4 = 1.642^4 = 7.2$배

17 ③

※ 화씨를 섭씨온도로 바꾸는 식

$[℉] = \frac{9}{5} \times t[℃] + 32$

$95 = \frac{9}{5} \times t[℃] + 32$

$63 = \frac{9}{5} \times t[℃]$

$t[℃] = \frac{5 \times 63}{9} = 35[℃]$

이를 다시 켈빈온도로 바꾸면
35 + 273 = 308[K]

18 ①

샤를의 법칙의 공식 $\frac{V_1}{T_1} = \frac{V_2}{T_2}$ 에 의하여 최초온도(T_1)이 20[℃]에서 현재온도(T_2) 600[℃]까지 상승했다고 하면 부피의 상승(V_2)은 최초의 부피(V_1)에 몇 배인가는 우선 부피가 절대온도에 반비례하므로 절대온도값으로 나타내면 T_1은 (273+20)으로 293[K]가 되고 T_2은 (273+600)으로 873[K]가 된다. 따라서 구하고자 하는 현재의 부피(V_2)는 $V_2 = \frac{V_1}{T_1} \times T_2$

$V_2 = \frac{V_1}{293[K]} \times 873[K] = 2.98 ≒ 3$배

19 ③

※ 중성대 의의

건축물에서 화재가 발생하면 실내온도가 상승하여 부력에 의해 고온의 기체가 상부에 축적 되어 실내 상부의 압력은 실외의 압력보다 높아지고 하부의 압력은 실외의 압력보다 낮아진다. 따라서 실내의 상부와 하부 사이의 어느 지점에 실내의 압력과 실외의 압력이 같아지는 면이 생기는데 이를 중성대라고 한다. 그러므로 중성대의 위쪽은 기체가 외부로 유출(배기)되고, 중성대의 아래쪽은 내부로 유입(급기)된다.

20 ①

※ 제1류 위험물의 소화방법
① 제1류 위험물 : 물에 의한 냉각소화
② 알칼리금속의 과산화물 : 마른모래, 탄산수소염류 분말약제, 팽창질석, 팽창진주암에 의한 질식소화

21 ③

※ 물 소화약제의 첨가제

물소화약제의 침투능력·분산능력·유화능력 등을 증시키기 위하여 첨가하는 물질을 총칭하여 첨가제라 한다.
① 부동제(Antifreeze Agent) : 동결방지제, 부동액
  ㉠ 물의 빙점(0℃) 하에서 동파 및 물의 응고현상을 방지하기 위하여 물에 첨가하는 물질이다.
  ㉡ 부동제 종류 : 에틸렌글리콜, 프로필렌글리콜, 디에틸렌글리콜, 글리세린, 염화나트륨, 염화칼슘등이 사용되며, 동결방지제로 에틸렌글리콜을 가장 많이 사용되고 있다.
② 침투제(Wetting Agent)
  ㉠ 물에 계면활성제 계통의 물질을 첨가시켜 물이 가지고 있는 표면장력을 낮추어 침투성 을 강화시킨 물질이다.
  ㉡ 유수(Wet Water) : 물의 표면장력을 감소시켜서 물의 침투성을 증가시키는 침투제(Wetting Agent)를 혼합시킨 수용액을 말한다.
③ 증점제(Viscosity Agent) : 가연물질에 한 물소화약제의 부착성(접착성)을 증가시키기 위 한 첨가 물질을 증점제라 한다. 이는 많은 열을 발생하는 화재, 즉 산림화재 등에 매우 효과 적이다.

22 ②

※ 위험물의 소화대책
• 황화인 : 제2류 위험물(질식소화)
• 질산에스터류 : 제5류 위험물(냉각소화)
• 유기금속화합물 : 제3류 위험물(질식소화)
• 알칼리금속의 과산화물 : 제1류 위험물(질식소화)

23 ④

「재난 및 안전관리 기본법」 제67조 (재난관리기금의 적립)
① 지방자치단체는 재난관리에 드는 비용에 충당하기 위하여 매년 재난관리기금을 적립하여야 한다.
② 제1항에 따른 재난관리기금의 매년도 최저적립액은 최근 3년 동안의 「지방세법」에 의한 보통세의 수입결산액의 평균연액의 100분의 1에 해당하는 금액으로 한다.

24 ①

※ 소화방법
- 질식소화 – 일반적으로 공기 중 산소 농도를 낮추어 소화하는 방법
- 물 – 냉각소화, 질식소화, 희석소화, 유화소화
- 강화액 – 냉각소화, 질식소화, 유화소화, 부촉매소화
- CO_2 – 질식소화, 냉각소화, 피복소화
- 할론 – 부촉매소화, 질식소화, 냉각소화
- 유화소화 – 비중이 물보다 큰 비수용성 유류화재 시 무상주수하여 소화하는 방법
- 제거소화 – 가스화재 시 가스공급을 차단하여 소화하는 방법

25 ③

※ 연기 이동 요인
① 굴뚝효과(실내·외의 온도차)
② 화재에 의한 부력(온도에 의한 가스의 팽창)
③ 중성대
④ 건축물 내의 강제적인 공기 이동(공조 설비)
⑤ 외부에서의 바람의 향(풍압차)

제2회 소방학개론 최종모의고사 정답 및 해설

2025 진수 소방학개론 최종모의고사

01	02	03	04	05	06	07	08	09	10
④	②	④	①	④	②	③	②	①	④
11	12	13	14	15	16	17	18	19	20
①	①	②	③	①	①	②	②	③	①
21	22	23	24	25					
③	①	④	③	④					

01 ④

- 주유취급소에는 안전관리자의 자격(위험물기능장, 위험물산업기사, 위험물기능사, 안전관리자교육이수자 또는 소방공무원경력자(소방공무원으로 3년 이상 근무))이 있는 사람을 위험물 안전관리자로 선임하여야 한다.
- 소방안전관리대상물의 관계인은 소방안전관리 업무를 수행하기 위하여 소방안전관리에 자격이 있는 자를 소방안전관리자 및 소방안전관리보조자로 선임하여야 한다.
- 의용소방대 설치 및 운영에 관한 법률
  제1조(목적) : 화재진압, 구조·구급 등의 소방업무를 체계적으로 보조하기 위하여 의용소방대 설치 및 운영 등에 필요한 사항을 규정함을 목적으로 한다.
- 자체소방대를 설치하여야 하는 사업소
  다량의 위험물을 저장·취급하는 제조소등으로서 제4류 위험물을 취급하는 제조소 또는 일반취급소로서 지정수량의 3천배 이상의 위험물을 저장 또는 취급하는 경우 당해 사업소의 관계인은 대통령령이 정하는 바에 따라 당해 사업소에 자체소방대를 설치하여야 한다.

02 ②

※ 소방신호의 종류
① 경계신호 : 화재예방상 필요하다고 인정되거나 화재위험경보시 발령
② 발화신호 : 화재가 발생한 때 발령
③ 해제신호 : 소화활동이 필요없다고 인정되는 때 발령
④ 훈련신호 : 훈련상 필요하다고 인정되는 때 발령

03 ④

- 조선시대 : 세종 8년 2월(1426년 2월) 병조에 금화도감을 설치하였는데 이는 우리나라 최초의 소방관서이다.
- 일제 강점기(1910년 ~ 1945년) : 1925년 종로에 우리나라 최초의 소방서인 경성소방서가 설치되었다.
- 갑오개혁(1894년)이후 : 1895년 "소방"이라는 용어를 처음 사용했다.
- 정부수립 이후 Ⅰ(1948년 ~ 1970년) : 정부수립과 동시에 독립된 자치소방체도를 폐지하고 다시 소방을 경찰과 병합하여 전국의 모든 시 뿐만 아니라 군 까지 일괄적으로 국가에서 관리하는 국가소방체제로 전환하였으며, 경찰에서 소방을 관장하게 하였다. 1948년 내무부 직제에 따라 중앙소방조직의 소방업무는 내부부 치안국 소방과에서 관장하였고, 지방 각 시·도의 소방업무는 경찰국 소방과에서 관장하였다.

04 ①

※ 제5류 위험물(자기반응성 물질)
① 일반적인 성질 : 외부로부터 산소의 공급 없이도 가열, 충격 등에 의해 연소폭발을 일으킬 수 있는 자기반응성 물질(자기연소성 물질)이다.
② 외부의 산소공급 없이도 자기연소하므로 연소속도가 빠르고 폭발적이다.
③ 소분하여 저장하고 용기의 파손 및 위험물의 누출을 방지한다.
④ 소화방법 : 이산화탄소 소화약제, 분말, 할론, 포 등에 의한 질식소화는 효과가 없다. 다량 주수에 의한 냉각소화가 효과적이다. 분말로 일시적인 소화효과는 있으나 재착화의 위험이 있으므로 물로 냉각소화 하여야 한다.

05 ④

「재난 및 안전관리 기본법」 제60조(특별재난지역의 선포)
① 중앙대책본부장은 대통령령으로 정하는 규모의 재난이 발생하여 국가의 안녕 및 사회질서의 유지에 중대한 영향을 미치거나 피해를 효과적으로 수습하기 위하여 특별한 조치가 필요하다고 인정하거나 제3항에 따른 지역대책본부장의 요청이 타당하다고 인정하는 경우에는 중앙위원회의 심의를 거쳐 해당 지역을 특별재난지역으로 선포할 것을 대통령에게 건의할 수 있다.
② 제1항에 따라 특별재난지역의 선포를 건의 받은 대통령은 해당 지역을 특별재난지역으로 선포할 수 있다.
③ 지역대책본부장은 관할지역에서 발생한 재난으로 인하여 제1항에 따른 사유가 발생한 경우에는 중앙대책본부장에게 특별재난지역의 선포 건의를 요청할 수 있다.)

06 ②

「재난 및 안전관리 기본법」 제5장 재난의 대비
제34조의2(재난현장 긴급통신수단의 마련)
① 재난관리책임기관의 장은 재난의 발생으로 인하여 통신이 끊기는 상황에 대비하여 미리 유선이나 무선 또는 위성통신망을 활용할 수 있도록 긴급통신수단을 마련하여야 한다.
② 행정안전부장관은 재난현장에서 제1항에 따른 긴급통신수단(이하 "긴급통신수단"이라 한다)이 공동 활용될 수 있도록 하기 위하여 재난관리책임기관, 긴급구조기관 및 긴급구조지원기관에서 보유하고 있는 긴급통신수단의 보유 현황 등을 조사하고, 긴급통신수단을 관리하기 위한 체계를 구축·운영할 수 있다.
③ 행정안전부장관은 제2항에 따른 조사를 위하여 필요한 자료의 제출을 재난관리책임기관, 긴급구조기관 및 긴급구조지원기관의 장에게 요청할 수 있다. 이 경우 요청을 받은 관계 기관의 장은 특별한 사유가 없으면 요청에 따라야 한다.
④ 긴급통신수단을 관리하기 위한 체계를 구축·운영하는 데 필요한 사항은 대통령령으로 정한다.

07 ③

※ 가연물의 구비 조건
① 열전도율이 작아야 한다.
② 활성화 에너지(점화 에너지)가 작아야 한다.
③ 발열량이 커야한다.
④ 산소와 친화력이 커야한다.
⑤ 표면적이 넓어야 한다.
⑥ 반드시 발열반응 이어야 한다.

08 ②

※ 암모니아(NH_3)
① 질소와 수소 화합물의 연소 시 발생하는 무색의 가스이다.
② 눈, 코, 인후, 폐에 자극이 크다. 냉동시설의 냉매로 쓰인다.(산업용)
③ 독성허용농도는 25ppm이다.

09 ①

※ 고체 가연물의 연소
① 분해연소
고체 가연물에 가열을 통한 열분해로 생성된 다양한 가연성 가스(기체)가 연소하는 형태이다. 목재, 종이, 섬유, 플라스틱 등 고분자물질 등이 이에 속한다.
② 표면연소
고체의 표면에서 가연성 기체가 발생되지 않아 고체 표면에서 불꽃을 내지 않고 연소하는 형태이다. 불꽃연소에 비해 연소열량이 적고 연소속도가 느려 화재에 대한 위험성은 크지 않다. 숯, 목탄, 코크스, 금속분 등이 이에 속한다.
③ 증발연소
고체 가연물을 가열 할 때 열분해를 하지 않고 그대로 승화하여 연소하거나 액화 후 발생하는 가연성 증기가 연소하는 형태이다. 열분해 온도보다 융점온도가 더 낮은 물질의 경우에 해당한다. 유황, 나프탈렌, 파라핀(양초) 등이 이에 속한다.
④ 자기연소
가연물 이면서 그 분자 내에 연소에 필요한 충분한 양의 산소 공급원을 함유하고 있는 물질의 연소형태이다. 질산에스테르류, 유기과산화물, 니트로화합물류 등 제5류 위험물이 이에 속한다.

10 ④

※ 분진폭발의 정의
가연성고체가 미세한 분말상태로 공기와 혼합기를 형성한 상태에서 점화원에 의해 폭발하는 현상을 분진폭발 이라한다.

11 ①

※ 열전달
① 전도(Conduction)
열에너지가 물질(매질)의 이동 없이 고온체와 저온체의 직접적인 접촉에 의해서 열이 고온에서 저온으로 이동하는 현상을 말한다. 기체나 액체의 열전도는 분자간의 충돌이나 확산에 의해 일어나고, 고체는 분자의 진동에 의해 일어나는데 금속과 비금속중 금속의 열전도가 빠른 이유는 자유전자의 이동이 있기 때문이다. 주로 화재 초기에 해당한다.
② 대류(Convection)
고온체와 저온체 간의 온도차에 의한 밀도차로 열전달현상이 일어나며 유체 분자간의 이동이 있다. 실내 공기의 유동 및 물을 가열하는 것은 주로 대류에 의해 이루어진다.
예) 난로를 피우면 실내의 온도가 따뜻해지는 현상
③ 복사(Radiation)
물체의 원자 내부의 전자는 열을 받거나 빼앗길 때 원래의 에너지 준위에서 벗어나 다른 에너지 준위로 전이

할 때 전자파를 방출 또는 흡수하는데, 이 전자파에 의해 열이 매질을 통하지 않고 고온체에서 저온체로 직접 전달되는 현상을 말한다.

12 ①

※ 제2류 위험물(가연성 고체)

유별	성질	위험물 품명	지정수량
제2류 위험물	가연성 고체	1. 황화인	100킬로그램
		2. 적린	100킬로그램
		3. 황	100킬로그램
		4. 철분	500킬로그램
		5. 금속분	500킬로그램
		6. 마그네슘	500킬로그램
		7. 그 밖에 행정안전부령으로 정하는 것 8. 제1호 내지 제7호의 1에 해당하는 어느 하나 이상을 함유한 것	100킬로그램 또는 500킬로그램
		9. 인화성고체	1,000킬로그램

13 ②

※ 제1류 위험물(산화성 고체)
① 모두 무기화합물로서 대부분 무색 결정 또는 백색분말의 산화성 고체이다.
② 강산화성 물질이며 불연성 고체이다.
③ 가열, 충격, 마찰, 타격으로 분해하여 산소를 방출하여 가연물의 연소를 도와준다.
④ 비중은 1보다 크며 물에 녹는 것도 있다.
⑤ 가열, 충격, 마찰, 타격 등 약간의 분해반응이 개시된다.
⑥ 가열하여 용융된 진한 용액은 가연성 물질과 접촉 시 혼촉 발화의 위험이 있다.

14 ③

※ 금속화재 – D급, 무색(없음)
① 가연물의 종류 : Na, K, Al, Mg 등 가연성이 강한 금속류
② 분말 상태로 공기 중에 부유 시 분진폭발의 우려가 있다.
③ 물과 반응하여 심한 발열과 함께 많은 가연성 가스를 발생시킨다.
④ 초기화재 때는 마른모래의 질식·피복소화가 효과적이며 팽창질석·팽창진주암의 소화제가 더욱 효과적이다.

15 ①

※ 자연발화 방지대책
㉠ 저장실의 온도를 낮춘다.
㉡ 물질의 퇴적시 통풍을 양호하게 한다.(열의 축적 방지)
㉢ 습도를 가능한 낮춘다.
㉣ 물질의 표면적을 작게 한다.

16 ①

구 분	화학식(주성분)	소화원리	적응화재	착색	방습처리제
제1종 분말 소화약제	$NaHCO_3$ (탄산수소나트륨, 중탄산나트륨, 중조)	부촉매, 질식, 냉각	B급, C급	백색	스테아린산염 (아연, 마그네슘)
제2종 분말 소화약제	$KHCO_3$ (탄산수소칼륨, 중탄산칼륨)	부촉매, 질식, 냉각	B급, C급	담자색	스테아린산염 (아연, 마그네슘)
제3종 분말 소화약제	$NH_4H_2PO_4$ (제1인산암모늄)	부촉매, 질식, 냉각, 방진, 탈수	A급 B급, C급	담홍색 (핑크색)	실리콘오일
제4종 분말 소화약제	$KHCO_3 + (NH_2)_2CO$ (탄산수소칼륨 + 요소)	부촉매, 질식, 냉각	B급, C급	회색	스테아린산염 (아연, 마그네슘)

17 ②

※ 소화의 4대 원리

① 제거소화 – 연소의 3요소 중 가연물을 다른 곳으로 이동 또는 제거하여 소화하는 방법을 말한다. (물리적 소화)
② 질식소화 – 연소의 3요소 중 산소공급원을 차단하여 소화하거나 산소농도를 15% 이하로 낮추어 소화하는 방법을 말한다. (물리적 소화)
③ 냉각소화 – 연소의 3요소 중 점화원과 관련된 소화방법으로 가연물질의 인화점 또는 발화점 이하로 낮추어 소화하는 방법을 말한다. (물리적 소화)
④ 억제소화(부촉매 소화) – 연소의 4요소 중 순조로운 연쇄반응을 억제하여 소화하는 방법을 말한다. (화학적 소화)

18 ②

※ 각 스프링클러설비의 비교

스프링클러설비 종류	유수검지장치	1차측 상태	2차측 상태	헤드 종류	감지기 유무	기타설비
습식 스프링클러설비	습식유수검지장치 (알람체크밸브)	가압수	가압수	폐쇄형	X	리타팅챔버
건식 스프링클러설비	건식유수검지장치 (드라이밸브)	가압수	압축공기 또는 질소	폐쇄형	X	급속개방기구 (익죠스터, 엑셀레이터)
준비작동식 스프링클러설비	준비작동식유수검지장치 (프리액션밸브)	가압수	대기압 또는 저압	폐쇄형	O	슈퍼비죠리판넬
일제살수식 스프링클러설비	일제개방밸브	가압수	대기압	개방형	O	–
부압식 스프링클러설비	준비작동식유수검지장치 (프리액션밸브)	가압수	소화수 (부압수)	폐쇄형	O	–

19 ③

※ 감지기 종류

열 감지기	차동식	주위온도가 일정상승률 이상이 되는 경우에 작동하는 것	넓은 범위 내에서의 열효과의 누적에 의하여 작동되는 것	분포형	• 공기관식 • 열전대식 • 열반도체식
			일국소에서의 열효과에 의하여 작동되는 것	스포트형	• 공기팽창에 의한 것 • 열기전력에 의한 것
	정온식	일국소의 주위온도가 일정한 온도이상으로 되었을 때 작동하는 것	외관이 전선으로 되어 있는 것	감지선형	
			외관이 전선으로 되어있지 아니한 것	스포트형	
	보상식	차동식 스포트형과 정온식 스포트형 감지기의 성능을 겸비한 것으로서 둘 중 어느 한 기능이 작동되면 신호를 발하는 것		스포트형	
연기 감지기	이온화식	공기가 일정한 농도의 연기를 포함하게 되는 경우에 작동하는 것으로서 일국소의 연기에 의하여 이온전류가 변화하여 작동하는 것			
	광전식	공기가 일정한 농도의 연기를 포함하게 되는 경우에 작동하는 것으로서 일국소의 연기에 의하여 광전소자에 접하는 광량의 변화로 작동하는 것			

20 ①

※ 포 소화약제 혼합장치

포 소화약제의 혼합장치는 포 소화약제의 사용농도에 적합한 수용액으로 혼합할 수 있도록 다음의 방식에 따라 제품검사에 합격한 것으로 설치하여야 한다.

포소화약제 혼합방식 종류	포소화약제 혼합방식 설명
펌프 푸로포셔너방식 (Pump Proportioner)	펌프의 토출관과 흡입관 사이의 배관도중에 설치한 흡입기에 펌프에서 토출된 물의 일부를 보내고, 농도 조절밸브에서 조정된 포 소화약제의 필요량을 포 소화약제 탱크에서 펌프 흡입측으로 보내어 이를 혼합하는 방식
라인 푸로포셔너방식 (Line Proportioner)	펌프와 발포기의 중간에 설치된 벤츄리관의 벤츄리작용에 따라 포 소화약제를 흡입·혼합하는 방식
프레져 푸로포셔너방식 (Pressure Proportioner)	펌프와 발포기의 중간에 설치된 벤츄리관의 벤츄리작용과 펌프 가압수의 포 소화약제 저장탱크에 대한 압력에 따라 포 소화약제를 흡입·혼합하는 방식
프레져사이드 푸로포셔너방식 (Pressure Side Proportioner)	펌프의 토출관에 압입기를 설치하여 포 소화약제 압입용 펌프로 포 소화약제를 압입시켜 혼합하는 방식

21 ③

강제대치조치 : 시장·군수·구청장과 지역통제단장은 대피명령을 받은 자 또는 위험구역에서의 퇴거나 대피명령을 받은 자가 그 명령을 이행하지 아니하여 위급하다고 판단되는 때에는 당해 지역 또는 위험구역 안의 주민을 강제 대피시키거나 강제 퇴거시킬 수 있다.

22 ①

※ 피난계획의 기본원칙
① 피난수단은 원시적인 방법으로 한다.
② 피난통로는 최소 2개 방향 이상의 피난로를 확보한다.
③ 피난설비는 고정적인 시설로 한다.
④ 피난계단 및 특별피난계단 등은 가급적 분산 배치한다.
⑤ 피난통로의 종단에는 충분한 안전공간을 확보한다.
⑥ 피난의 경로는 간단명료하게 한다.
⑦ 인간의 피난특성을 고려한다.
⑧ Fool-Proof 원칙과 Fail-Safe의 원칙에 따른다.

> **○ 참고**
> - Fool-Proof 원칙 : 피난설비는 원시적이고 간단명료하게 설치하고, 피난대책은 누구나 알기 쉬운 방법을 선택하라는 원칙을 말한다. 즉, 문자보다는 색과 형태를 이용하라는 의미이다.
> - Fail-Safe 원칙 : 피난 시 하나의 수단이 고장 등으로 사용이 불가능하다 하더라도 또 다른 수단과 방법을 이용하여 피난할 수 있도록 하라는 원칙을 말한다. 명백한 2방향 이상의 피난통로를 확보하는 피난대책이 이에 속한다.

23 ④

제6류 위험물의 과산화수소는 그 농도가 36중량% 이상인 것에 한한다.

24 ③

※ 방화벽
연면적 1,000㎡ 이상인 건축물로서 그 주요구조부가 내화구조 또는 불연재료가 아닌 건축물에는 다음 기준에 의하여 바닥면적의 합계 1,000㎡ 미만마다 방화벽을 설치하여야 한다.
 1) 내화구조로서 홀로 설 수 있는 구조일 것
 2) 방화벽의 양쪽 끝과 위쪽 끝은 건축물의 외벽면 및 지붕면으로부터 0.5m 이상 돌출되도록 할 것
 3) 방화벽에 설치하는 출입문의 너비 및 높이는 각각 2.5m 이하로 하고 당해 출입문은 60분+ 방화문 또는 60분 방화문으로 설치할 것

25 ④

굴뚝효과의 영향을 주는 인자 : 화재실의 온도, 건축물의 높이, 외벽의 기밀도, 건축물의 층간 공기 누출, 실내·외의 온도차

제3회 소방학개론 최종모의고사 정답 및 해설

2025 진수 소방학개론 최종모의고사

01	02	03	04	05	06	07	08	09	10
④	④	④	④	③	④	②	③	①	④
11	12	13	14	15	16	17	18	19	20
②	③	④	②	①	④	①	③	③	②
21	22	23	24	25					
③	①	④	③	②					

01 ④

「재난 및 안전관리 기본법 시행령」 제63조 (긴급구조대응계획의 수립)
① 법 제54조에 따라 긴급구조기관의 장이 수립하는 긴급구조대응계획은 기본계획, 기능별 긴급구조대응계획, 재난유형별 긴급구조대응계획으로 구분하되, 구분된 계획에 포함되어야 하는 사항은 다음 각 호와 같다.
  1. 기본계획
      가. 긴급구조대응계획의 목적 및 적용범위
      나. 긴급구조대응계획의 기본방침과 절차
      다. 긴급구조대응계획의 운영책임에 관한 사항
  2. 기능별 긴급구조대응계획
      가. 지휘통제 : 긴급구조체제 및 중앙통제단과 지역통제단의 운영체계 등에 관한 사항
      나. 비상경고 : 긴급대피, 상황 전파, 비상연락 등에 관한 사항
      다. 대중정보 : 주민보호를 위한 비상방송시스템 가동 등 긴급 공공정보 제공에 관한 사항 및 재난상황 등에 관한 정보 통제에 관한 사항
      라. 피해상황분석 : 재난현장상황 및 피해정보의 수집·분석·보고에 관한 사항
      마. 구조·진압 : 인명 수색 및 구조, 화재진압 등에 관한 사항
      바. 응급의료 : 대량 사상자 발생 시 응급의료서비스 제공에 관한 사항
      사. 긴급오염통제 : 오염 노출 통제, 긴급 감염병 방제 등 재난현장 공중보건에 관한 사항
      아. 현장통제 : 재난현장 접근 통제 및 치안 유지 등에 관한 사항
      자. 긴급복구 : 긴급구조활동을 원활하게 하기 위한 긴급구조차량 접근 도로 복구 등에 관한 사항
      차. 긴급구호 : 긴급구조요원 및 긴급대피 수용주민에 대한 위기 상담, 임시 의식주 제공 등에 관한 사항
      카. 재난통신 : 긴급구조기관 및 긴급구조지원기관 간 정보통신체계 운영 등에 관한 사항
  3. 재난유형별 긴급구조대응계획
      가. 재난 발생 단계별 주요 긴급구조 대응활동 사항
      나. 주요 재난유형별 대응 매뉴얼에 관한 사항
      다. 비상경고 방송메시지 작성 등에 관한 사항
② 긴급구조기관의 장은 긴급구조대응계획을 수립하기 위하여 필요한 경우에는 긴급구조지원기관의 장에게 소관별 긴급구조세부대응계획을 수립하여 제출하도록 요청할 수 있다. 이 경우 긴급구조기관의 장은 긴급구조세부대응계획의 작성에 필요한 긴급구조세부대응계획의 수립에 관한 지침을 작성하여 배포하여야 한다.

02 ④

「화재조사 및 보고규정」 제16조(소실정도)
① 건축·구조물의 소실정도는 다음의 각 호에 따른다.
　　1. 전소 : 건물의 70% 이상(입체면적에 대한 비율을 말한다. 이하 같다)이 소실되었거나 또는 그 미만이라도 잔존부분을 보수하여도 재사용이 불가능한 것
　　2. 반소 : 건물의 30% 이상 70% 미만이 소실된 것
　　3. 부분소 : 제1호, 제2호에 해당하지 아니하는 것
② 자동차·철도차량, 선박·항공기 등의 소실정도는 제1항의 규정을 준용한다.

03 ④

※ 중성대(Neutral Zone, Neutral Plane)
1) 중성대 의의
　건축물에서 화재가 발생하면 실내온도가 상승하여 부력에 의해 고온의 기체가 상부에 축적 되어 실내 상부의 압력은 실외의 압력보다 높아지고 하부의 압력은 실외의 압력보다 낮아진다. 따라서 실내의 상부와 하부 사이의 어느 지점에 실내의 압력과 실외의 압력이 같아지는 면이 생기는데 이를 중성대라고 한다. 그러므로 중성대의 위쪽은 기체가 외부로 유출(배기)되고, 중성대의 아래쪽은 내부로 유입(급기)된다.
2) 중성대 활용
　화재 시 중성대의 형성 위치를 파악하는 것은 소방 활동에 대단히 중요하다. 특히 배연을 할 경우에는 중성대 위쪽으로 해야 효과적이다.
　예를 들어 밀폐된 실내에서 화재가 발생하면 공기의 유입이 없으므로 연소 확대는 없지만 실내의 하부에 개구부가 생기면 신선한 공기의 유입으로 연소의 확대와 동시에 발연량의 증가로 연기층은 실내의 하부로 급속히 확대되면서 중성대는 아래로 내려오게 된다. 반대로 실내의 상부에 개구부가 생기면 마찬가지로 연소는 확대되지만 그때 발생한 연기는 상승하여 상부의 개구부를 통해 빠르게 실외로 유출되므로 중성대는 위로 올라가게 되어 중성대 아래쪽의 공간이 커지게 된다. 그렇게 되면 대원과 대피자의 활동 공간과 시야의 확보가 용이하여 신속히 대피할 수 있다. 따라서 배연은 중성대의 위쪽으로 행해야 한다.

04 ④

※ 연소범위에 영향을 줄 수 있는 인자 및 특성
　연소범위는 주위의 온도, 압력, 산소의 농도, 불활성 가스의 투입여부 등에 따라 영향을 받을 수 있다.
1) 온도
　온도가 증가할수록 연소범위는 넓어진다.
　[연소하한계 : 약간 감소, 연소상한계 : 상승 (100℃마다 8% 증가)]
2) 압력
　압력이 증가할수록 연소범위는 넓어진다.(연소하한계 : 불변, 연소상한계 : 상승)
　(예외) 일산화탄소(CO)는 압력이 증가할수록 연소범위가 좁아진다.
3) 산소의 농도
　산소의 농도가 증가할수록 연소범위는 넓어진다.(연소하한계 : 불변, 연소상한계 : 상승)
4) 불활성 가스의 투입
　불활성 가스를 투입하면 연소범위는 좁아진다.

05 ③

※ **기상폭발**
① 가스폭발 : 수소, 일산화탄소, 메탄, 프로판 등의 가연성 기체와 공기와의 혼합기의 폭발
② 분무폭발 : 공기 중에 분출된 가연성 액체의 미세한 액적이 무상으로 되어 점화원에 의한 폭발
③ 분진폭발 : 가연성 고체 미분의 폭발
④ 분해폭발 : 분해성 가스와 같은 자기분해성 고체류는 분해하면서 폭발하며 이는 공기 중 산소 없이 단독으로 가스가 분해하여 폭발
⑤ 증기운폭발(VCE) : 대기중에 대량의 가연성 가스가 유출되거나 대량의 가연성 액체가 유출하여 발생하는 증기와 공기와의 혼합기의 폭발

※ **응상폭발(액상과 고상의 폭발)**
① 수증기폭발 : 용융금속이나 고온물질이 물 속에 투입되었을 때에 물은 순간적으로 급격히 비등하므로 이로 인한 상태변화에 따른 폭발
② 전선폭발 : 금속선에 큰 전류가 흐르면 주울열에 의한 고온고압의 금속가스가 발생해 팽창에 의해 충격파가 발생하는 폭발
③ 증기폭발 : 대상이 액화가스일 경우 발생하는 폭발로서 물로부터 에너지를 공급받은 액화가스의 폭발적인 비등현상으로 상변화에 따른 폭발(액상 → 기상)
④ 고상간 전이 폭발 : 무정형 고체가 동일한 고상의 물질로 전이할 때 발열함으로써 주위의 공기가 팽창하여 폭발

06 ④

※ **산화정도에 의한 분류**
(1) 완전연소
공기 및 산소의 공급이 충분하여 연소의 온도가 높으며 가연성 가스가 완전히 산화되어 이산화탄소 등의 연소생성물이 발생되는 연소
(2) 불완전연소
공기 및 산소의 공급이 불충분하여 연소의 온도가 낮으며 가연성 가스가 완전히 산화되지 못하여 일산화탄소, 그을음 등의 연소생성물이 발생되는 연소

※ **연소 시 발생되는 여러 가지 이상 현상**
(1) 역화(백화이어, Back fire)
가연성 기체의 분출 속도가 연소 속도보다 느리면 불꽃이 버너의 염공 속으로 진입하는 현상

   분출 속도 < 연소 속드

- 역화의 원인
  ① 가스의 분출속도가 느려진 경우
  ② 가스의 공급량이 감소된 경우
  ③ 노즐이 뜨거워진 경우
  ④ 관경이 넓어진 경우

(2) 선화[리프트(Lift), 리프팅(Lifting)]
가연성 기체의 분출 속도가 연소 속도보다 빠르면 불꽃이 버너의 염공에 붙지 못하고 일정한 간격을 두고 연

소하는 현상

   분출 속도 〉 연소 속도

- 선화의 원인
  ① 가스의 분출속도가 빨라진 경우
  ② 가스의 공급량이 증가한 경우
  ③ 관경이 좁아진 경우

(3) 블로우오프(Blow off)
가연성 기체의 분출 속도가 빠르거나 화염 주변에 공기의 유동이 심하여 불꽃이 버너의 염공에 정착하지 못하고 떨어지면서 꺼지는 현상

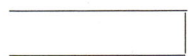   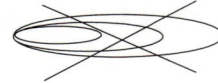   ① 분출 속도 〉〉 연소 속도

                              ② 공기의 유동이 심한 경우

07 ②

※ 황화수소(H_2S, 유화수소)
① 황을 함유한 가연물의 불완전연소 시 발생하며 무색의 가스이다.
② 달걀 썩는 냄새가 나고, 후각을 마비시킨다.
③ 독성허용농도는 10ppm이다.

※ 암모니아(NH_3)
① 질소와 수소 화합물의 연소 시 발생하는 무색의 가스이다.
② 눈, 코, 인후, 폐에 자극이 크다. 산업용 냉동시설의 냉매로 쓰인다.
③ 독성허용농도는 25ppm이다.

※ 염화수소(HCl)
① 폴리염화비닐(PVC)과 같은 염소를 함유한 수지류가 연소할 때 발생하며 무색의 가스이다.
② 금속에 대한 강한 부식성이 있다.
③ 독성허용농도는 5ppm이다.

※ 포스겐($COCl_2$)
① 염소를 함유한 가연물의 연소 시 발생하는 맹독성 가스이다. (세계 2차대전 당시 유태인 학살에 이용)
② 소화약제인 할론104(사염화탄소, CCl_4)를 이용하여 소화 시에도 발생한다.
③ 독성허용농도는 0.1ppm이다.

08 ③

「재난 및 안전관리 기본법 시행령」 제26조 (국가안전관리기본계획 수립)
① 국무총리는 법 제22조에 따라 국가의 재난 및 안전관리업무에 관한 기본계획(이하 "국가안전관리기본계획"이라 한다)을 수립하기 위하여 필요한 경우 관계 기관 및 전문가 등의 의견을 들을 수 있다.

「재난 및 안전관리 기본법 시행령」 제73조의6 (안전점검의 날 등)
① 법 제66조의7에 따른 안전점검의 날은 매월 4일로 하고, 방재의 날은 매년 5월 25일로 한다.

「재난 및 안전관리 기본법 시행령」 제43조의14 (재난대비훈련 등)
① 행정안전부장관, 중앙행정기관의 장, 시·도지사, 시장·군수·구청장 및 긴급구조기관의 장(이하 "훈련주관기관의 장"이라 한다)은 법 제35조제1항에 따라 관계 기관과 합동으로 참여하는 재난대비훈련을 각각 소관 분야별로 주관하여 연 1회 이상 실시하여야 한다.

「재난 및 안전관리 기본법」 제71조의2 (재난 및 안전관리기술개발 종합계획의 수립 등)
① 행정안전부장관은 제71조제1항의 재난 및 안전관리에 관한 과학기술의 진흥을 위하여 5년마다 관계 중앙행정기관의 재난 및 안전관리기술개발에 관한 계획을 종합하여 조정위원회의 심의와 「국가과학기술자문회의법」에 따른 국가과학기술자문회의의 심의를 거쳐 재난 및 안전관리기술개발 종합계획(이하 "개발계획"이라 한다)을 수립하여야 한다.

09 ①

■ 재난 및 안전관리 기본법 시행령 [별표 1의3]
재난 및 그 밖의 각종 사고 유형별 재난관리주관기관(제3조의2 관련)

재난관리주관기관	자연 및 사회 재난 유형
농림축산식품부	「가축전염병 예방법」 제2조제2호에 따른 가축전염병의 확산으로 인한 피해
국토교통부	「항공안전법」 제2조제6호부터 제8호까지의 규정에 따른 항공기사고, 경량항공기사고 및 초경량비행장치사고로 인해 발생하는 대규모 피해
행정안전부	「승강기 안전관리법」 제48조제1항에 따른 승강기의 사고 또는 고장으로 인해 발생하는 대규모 피해
법무부	「형의 집행 및 수용자의 처우에 관한 법률」 제2조제1호에 따른 교정시설의 화재 등으로 인해 발생하는 대규모 피해

10 ④

※ 롤오버(Roll over)
- 롤오버는 실의 상부에 있는 가연성 가스가 발화온도 이상 도달했을 때 발화하는 현상이다.
- 롤오버 시 발생되는 복사열은 플래시오버 시 발생되는 복사열보다 약하다.
- 화재의 진행 단계 중 플래시오버(Flash over) 발생 전에 나타나는 현상이다.

※ 플래시오버(Flash over)
- 플래시오버는 공간 내 전체 가연물에서 동시에 발화하는 현상이다.
- 화재의 진행 단계 중 플래시오버(Flash over)는 성장기에서 발생한다.

11 ②

※ 화재하중(Fuel Load)
화재하중이란 가연물(내부마감재와 실내장식물을 포함)의 총량(무게)을 목재로 환산 후 그 구역의 바닥면적으로 나누어 나온 값을 말한다. 이는 화재 시 발생하는 에너지의 총량을 알 수 있으며, 화재하중이 크면 화재

지속시간이 길다는 것을 알 수 있다. 또한 화재하중은 주수시간(량)을 결정하는 중요 인자이다. 건축물의 화재하중을 감소시키는 것은 대단히 중요하다. 따라서, 내장재 또는 실내장식의 불연화 및 가연성 물질을 보관할 때 불연재의 용기에 보관하는 것이 화재하중을 감소하는 대책에 해당한다.

$$Q = \frac{\Sigma(G_t \times H_t)}{H \times A} = \frac{\Sigma Q_t}{4,500 \times A}$$

Q : 화재하중[kg/m^2], G_t : 가연물의 양[kg], H_t : 가연물의 단위 발열량[$kcal/kg$]

Q_t : 가연물의 전체 발열량[kcal], H : 목재 단위 발열량(4,500[kcal/kg]), A : 화재실 바닥면적[m^2]

12 ③

※ 가연물 상태별 연소의 종류

1) 기체 가연물의 연소
   ① 확산연소
     가연성 기체가 대기 중으로 확산되면서 공기와 혼합 기체를 형성하며 연소하는 형태이다. 화염면의 전파가 일어나지 않으며, 역화의 위험이 없다. 대부분 기체 가연물의 연소는 확산연소에 해당한다.
   ② 예혼합 연소
     가연성 기체가 미리 산소와 혼합한 상태로 연소하는 형태이다. 반응속도가 빠르고 반응영역의 온도가 높다. 화염면의 전파가 수반되어 역화를 일으킬 위험이 크다.
   ③ 폭발연소
     가연성 기체와 공기의 혼합가스가 밀폐공간 안에 있을 때 점화원에 의해 폭발하면서 연소되는 현상을 말한다. 즉, 다량의 가연성 기체와 산소가 혼합되어 일시에 폭발적인 연소를 일으키는 비정상연소를 말한다.

2) 액체 가연물의 연소
   ① 증발연소
     액체 가연물은 액체로부터 발생된 가연성 기체가 연소하는 형태이다. 보통 휘발성이 커서 비점이 낮은 액체 가연물의 연소 형태이다.

   > 증발 형태에 따른 연소의 종류
   > 1. 액면연소 : 용기 내에 담겨진 액체 연료의 표면에서 증발된 가연성 증기가 공기와 혼합하여 연소하는 형태
   > 2. 등심연소 : 액체 연료를 심지로 빨아올려 심지(등심) 표면에서 증발시켜 연소하는 형태
   > 3. 분무연소 : 액체 연료를 미립화하여 증발 표면적을 증가시켜 연소하는 형태

   ② 분해연소
     비점이 높아 쉽게 증발이 어려운 액체 가연물에 계속 열을 가하면 복잡한 경로의 열분해 과정을 거쳐 탄소수가 적은 저급 탄화수소가 되어 연소하는 형태이다.

3) 고체 가연물의 연소
   ① 분해연소
     고체 가연물에 가열을 통한 열분해로 생성된 다양한 가연성 가스(기체)가 연소하는 형태이다. 목재, 종이, 섬유, 플라스틱 등 고분자물질 등이 이에 속한다.
   ② 표면연소
     고체의 표면에서 가연성 기체가 발생되지 않아 고체 표면에서 불꽃을 내지 않고 연소하는 형태이다. 불꽃연소에 비해 연소열량이 적고 연소속도가 느려 화재에 대한 위험성은 크지 않다. 목탄, 코크스, 금속분, 숯,

향, 담배 등이 이에 속한다.
③ 증발연소
고체 가연물을 가열 할 때 열분해를 하지 않고 그대로 승화하여 연소하거나 액화 후 발생하는 가연성 증기가 연소하는 형태이다. 열분해 온도보다 융점온도가 더 낮은 물질의 경우에 해당한다. 유황, 나프탈렌, 파라핀(양초), 왁스류 등이 이에 속한다.
④ 자기연소
가연물이면서 그 분자 내에 연소에 필요한 충분한 양의 산소 공급원을 함유하고 있는 물질의 연소형태이다. 외부의 산소 공급 없이도 연소가 진행될 수 있어 연소 속도가 매우 빨라 폭발적으로 연소한다. 질산에스터류, 유기과산화물, 나이트로화합물류 등 제5류 위험물이 이에 속한다.

13 ④

※ **자동화재탐지설비의 경계구역**
① 자동화재탐지설비의 경계구역은 다음 각 호의 기준에 따라 설정하여야 한다. 다만, 감지기의 형식승인 시 감지거리, 감지면적 등에 대한 성능을 별도로 인정받은 경우에는 그 성능인정범위를 경계구역으로 할 수 있다.
  ㉠ 하나의 경계구역이 2개 이상의 건축물에 미치지 아니하도록 할 것
  ㉡ 하나의 경계구역이 2개 이상의 층에 미치지 아니하도록 할 것. 다만, 500㎡ 이하의 범위 안에서는 2개의 층을 하나의 경계구역으로 할 수 있다
  ㉢ 하나의 경계구역의 면적은 600㎡ 이하로 하고 한 변의 길이는 50m 이하로 할 것. 다만, 해당 특정소방대상물의 주된 출입구에서 그 내부 전체가 보이는 것에 있어서는 한 변의 길이가 50m의 범위 내에서 1,000㎡ 이하로 할 수 있다.

14 ②

- 전기화재 시 전원 차단 – 제거소화
- 가스화재 시 가스공급 차단 – 제거소화
- 일반화재 시 옥내소화전 사용 – 냉각소화
- 유류화재 시 포소화약제 사용 – 질식소화
- 산불화재 시 방화선(도로) 구축 – 제거소화

15 ①

- 프로스오버(Froth over): 점성이 큰 뜨거운 유류표면 아래에서 물이 끓을 때 화재를 수반하지 않고 유류가 넘치는 현상
- 오일오버(Oil over) : 탱크 내의 유류가 50% 미만 저장된 경우, 화재로 인한 내부 압력 상승으로 탱크가 폭발하는 현상
- 보일오버(Boil over) : 중질유 탱크 화재 시 액면의 뜨거운 열파가 탱크 하부로 전달될 때, 탱크 하부에 존재하고 있던 에멀션(emulsion)상태의 물을 기화시켜 물의 급격한 부피 팽창으로 탱크 내의 유류가 분출하는 현상
- 블래비(Boiling Liquid Expanding Vapor Explosion, BLEVE) : 액화가스저장 탱크의 외부 화재로 탱크가 장시간 과열되면 내부 액화가스의 급격한 비등·팽창으로 탱크 내부 압력이 급격히 증가되고, 최종적으로 탱크의 설계압력 초과로 탱크가 폭발하는 현상
- 슬롭오버(Slop over) : 중질유 탱크 내에 화재로 연소유의 표면온도가 물의 비점 이상 상승했을 때, 물분무 또는 폼(foam) 소화약제를 뜨거운 연소유 표면에 방사하면 물이 수증기가 되면서 급격한 부피 팽창으로 연소유를 탱크 외부로 비산시키는 현상

16 ④

염소산염류와 알칼리금속의 과산화물, 질산염류는 산화성고체로 제1류 위험물이다. 산화성고체는 화재 시 산소공급원 역할을 하며 가연물과 혼합된 물질은 가열, 충격, 마찰에 의해 폭발의 우려가 있고 알칼리금속의 과산화물을 제외하고는 다량의 물로 소화한다.
그 자체가 가연성이며 폭발성을 지니고 있어 화약류 취급 시와 같이 주의를 요하는 것은 제5류 위험물(자기반응성 물질)이다.

17 ①

- 미군정 시대(1945년~1948년) : 해방 이후 미국 군사정부(미군정)의 신탁통치를 받았으며 소방을 경찰에서 분리하여 최초로 독립된 자치소방제도를 시행하다.
- 1992년 전국 시·도에 소방본부를 모두 설치하여 광역자치체제로 바뀌었다.
- 경력직 공무원 : 자격과 실적에 따라 임용되며, 신분의 보장 및 평생 동안 공무원으로 근무할 수 있는 공무원을 말한다.
    ① 일반직 공무원 : 기술·연구 또는 행정과 같은 일반 업무를 담당하며 직군·직렬로 구분되는 공무원
    ② 특정직 공무원 : 소방공무원, 검사, 외무공무원, 경찰공무원, 교육공무원, 군무원, 군인, 국가정보원의 직원 및 특수 분야의 업무를 담당하는 공무원으로서 담당업무가 특수해서 자격·신분보장·복무 등 특별법이 우선 적용되는 공무원
- 징계의 종류
    ① 경중에 따른 분류
        ㉠ 중징계 : 파면, 해임, 강등, 정직   ㉡ 경징계 : 감봉, 견책
    ② 신분관계에 따른 분류
        ㉠ 배제징계 : 파면, 해임   ㉡ 교정징계 : 강등, 정직, 감봉, 견책

18 ③

"긴급구조기관"이란 소방청·소방본부 및 소방서를 말한다. 다만, 해양에서 발생한 재난의 경우에는 해양경찰청·지방해양경찰청 및 해양경찰서를 말한다.

19 ③

※ 재난관리 4단계
① 재난 발생을 사전에 방지하기 위하여 매년 재난대비훈련 계획을 수립하고, 관계 기관과 합동으로 재난대비훈련을 실시한다. — 대비단계
② 재난을 효율적으로 관리하기 위하여 재난유형에 따라 위기관리 매뉴얼을 작성·운용한다. — 대비단계
③ 재난 피해지역을 재해 이전 상태로 회복시키기 위하여 피해상황을 조사하고, 자체복구계획을 수립·시행한다. — 복구단계
④ 재난의 수습활동을 효율적으로 하기 위하여 재난관리자원의 비축·관리 및 긴급통신수단을 마련한다. — 대비단계

20 ②

「재난 및 안전관리 기본법」 제3조(정의)
1. "재난"이란 국민의 생명·신체·재산과 국가에 피해를 주거나 줄 수 있는 것으로서 다음 각 목의 것을 말한다.

가. 자연재난: 태풍, 홍수, 호우(豪雨), 강풍, 풍랑, 해일(海溢), 대설, 한파, 낙뢰, 가뭄, 폭염, 지진, 황사(黃砂), 조류(藻類) 대발생, 조수(潮水), 화산활동, 「우주개발 진흥법」에 따른 자연우주물체의 추락·충돌, 그 밖에 이에 준하는 자연현상으로 인하여 발생하는 재해

나. 사회재난: 화재·붕괴·폭발·교통사고(항공사고 및 해상사고를 포함한다)·화생방사고·환경오염사고·다중 운집인파사고 등으로 인하여 발생하는 대통령령으로 정하는 규모 이상의 피해와 국가핵심기반의 마비, 「감염병의 예방 및 관리에 관한 법률」에 따른 감염병 또는 「가축전염병예방법」에 따른 가축전염병의 확산, 「미세먼지 저감 및 관리에 관한 특별법」에 따른 미세먼지, 「우주개발 진흥법」에 따른 인공우주물체의 추락·충돌 등으로 인한 피해

21 ③

제3종 분말의 메타인산의 산소를 차단하는 방진작용 때문에 A급 화재에도 적응성을 가지고 있어서 A, B, C급에 적용이 가능하다.

22 ①

※ 인화점(Flash Point)
가연성 기체와 공기가 혼합된 상태에서 외부의 직접적인 점화원의 접촉에 의해 순간적으로 연소가 일어날 수 있는 최저온도를 인화점이라 한다. 특히 휘발성 물질의 경우 점화원을 접하여 발화될 수 있는 최저온도를 말하며 인화성 액체의 위험성을 나타내는 척도이다.

※ 연소범위(Flammability Limit, 연소한계, 폭발범위, 폭발한계)
가연성 가스와 공기가 혼합기체를 형성함에 있어 연소가 가능하게 만드는 가연성 가스의 농도범위를 연소범위(연소한계)라고 한다. 연소를 가능하게 만드는 농도의 가장 낮은 값을 연소하한계(Lower Flammability Limit, LFL)라 하며, 가장 높은 값을 연소상한계(Upper Flammability Limit, UFL)라 한다. 또한 연소하한계는 그 물질의 인화점에서의 값을 의미한다.

23 ④

※ 플래시 오버(Flash Over, F·O) 현상
(1) 정의
건축물 내에서 화재가 발생하면 실외 화재에 비해 열의 축적이 용이하다. 이로 인해 실내의 온도 상승으로 가연물의 열분해 또는 증발을 촉진하게 되어 어느 순간 실내 전체로 화염이 확대되는 현상을 말한다. 이는 굉장히 순간적인(폭발적인) 착화현상이다.
- 열의 공급에 의해 발생한다.(발생 시 실내의 온도가 800~900[℃]정도 상승)
- 순간적인 착화현상이다.
- 화재의 진행 단계 중 플래시 오버(F·O)는 성장기에서 발생한다.(최성기 직전)
- 충격파는 발생하지 않는다.
- 플래시 오버 발생 시간을 F·O·T 라고 하며 이는 피난허용시간을 의미한다.

(2) 플래시 오버 지연 대책
① 화원의 위치와 크기 : 화원의 크기가 소형일수록 지연된다.
② 내장재의 종류, 열전도율 및 불연화 순서
  - 종류 : 불연재료, 준불연재료
  - 열전도율이 큰 재료일수록 지연된다.

- 불연화 순서 : 천장 → 벽 → 바닥 순으로 불연화 한다.
③ 개구율 : 개구율이 작을수록 산소 부족으로 연소가 원활하게 일어나지 않으므로 실내의 열축적이 적어 플래시 오버가 지연될 수 있고, 개구율이 클수록 실내에 축적되는 열보다 외부로 유출되는 열이 많으므로 플래시 오버가 지연될 수 있다.

(3) 플래시 오버의 전후 화재양상
- 플래시 오버 전 : 산소가 충분한 상태의 연료지배형화재
- 플래시 오버 후 : 산소가 부족한 상태의 환기지배형화재

24 ③

"제3석유류"라 함은 중유, 클레오소트유 그 밖에 1기압에서 인화점이 섭씨 70도 이상 섭씨 200도 미만인 것을 말한다. 다만, 도료류 그 밖의 물품은 가연성 액체량이 40중량퍼센트 이하인 것은 제외한다.

25 ②

※ 소방활동구역의 출입자
1. 소방활동구역 안에 있는 소방대상물의 소유자·관리자 또는 점유자
2. 전기·가스·수도·통신·교통의 업무에 종사하는 사람으로서 원활한 소방활동을 위하여 필요한 사람
3. 의사·간호사 그 밖의 구조·구급업무에 종사하는 사람
4. 취재인력 등 보도업무에 종사하는 사람
5. 수사업무에 종사하는 사람
6. 그 밖에 소방대장이 소방활동을 위하여 출입을 허가한 사람

소방학개론 최종모의고사 정답 및 해설

2025 진수 소방학개론 최종모의고사

01	02	03	04	05	06	07	08	09	10
②	③	④	④	③	①	①	①	④	②
11	12	13	14	15	16	17	18	19	20
①	③	②	②	③	③	④	④	④	③
21	22	23	24	25					
②	③	①	①	②					

01 ②

※ 억제소화(부촉매소화)
연소의 4요소 중 순조로운 연쇄반응을 억제하여 소화하는 방법을 말한다.
① 할론 소화약제를 이용하여 소화하는 방법
② 할로겐화합물 및 불활성기체를 이용하여 소화하는 방법
③ 분말 소화약제를 이용하여 소화하는 방법

02 ③

※ 물 소화약제의 첨가제
물소화약제의 침투능력·분산능력·유화능력 등을 증시키기 위하여 첨가하는 물질을 총칭하여 첨가제라 한다.
① 부동제(Antifreeze Agent) : 동결방지제, 부동액
  ㉠ 물의 빙점(0℃) 하에서 동파 및 물의 응고현상을 방지하기 위하여 물에 첨가하는 물질이다.
  ㉡ 부동제 종류 : 에틸렌글리콜, 프로필렌글리콜, 디에틸렌글리콜, 글리세린, 염화나트륨, 염화칼슘등이 사용되며, 동결방지제로 에틸렌글리콜을 가장 많이 사용되고 있다.
② 침투제(Wetting Agent)
  ㉠ 물에 계면활성제 계통의 물질을 첨가시켜 물이 가지고 있는 표면장력을 낮추어 침투성 을 강화시킨 물질이다.
  ㉡ 유수(Wet Water) : 물의 표면장력을 감소시켜서 물의 침투성을 증가시키는 침투제 (Wetting Agent)를 혼합시킨 수용액을 말한다.
③ 증점제(Viscosity Agent) : 가연물질에 한 물소화약제의 부착성(접착성)을 증가시키기 위 한 첨가 물질을 증점제라 한다. 이는 많은 열을 발생하는 화재, 즉 산림화재 등에 대우 효과 적이다.

03 ④

※ 연소범위에 따른 위험도(H)

가연성 물질	연소범위(V%)		위험도(H) $\dfrac{U-L}{L}$
	하한계(L)	상한계(U)	
메탄	5	15	2
에탄	3	12.4	3.1

프로판	2.1	9.5	3.5
부탄	1.8	8.4	3.7

04 ④

※ 우리나라 소방의 역사
- 조선시대 : 세종 8년 2월(1426년 2월) 병조에 금화도감을 설치되었다.
- 일제강점기 : 1925년 종로에 우리나라 최초의 소방서인 경성 소방서가 설치되었다.
- 미군정 시대 : 중앙에는 1946년 중앙소방위원회 설치되었다.
- 대한민국 정부 수립 이후 : 1958년 소방법에 제정·공포되었다.

05 ③

※ 습식 스프링클러설비

가압송수장치에서 폐쇄형 스프링클러 헤드까지 배관 내에 항상 물이 가압되어 있다가 화재로 인한 열로 폐쇄형 스프링클러 헤드가 개방되면 배관 내에 유수가 발생하여 습식유수검지장치가 작동하게 되는 스프링클러설비를 말한다.

① 습식 스프링클러설비의 장·단점

장 점	단 점
㉠ 감지기가 없는 설비로 구조가 간단하고 공사비가 저렴하다. ㉡ 다른 스프링클러설비보다 유지관리가 용이하다. ㉢ 화재발생 시 즉시 방수가 되므로 소화가 빠르고 동작의 신뢰성이 가장 높은 설비이다.	㉠ 배관 내의 물이 동결의 우려가 있는 장소에는 설치할 수 없다. ㉡ 배관의 누수로 인해 피해가 우려되는 장소엔 설치할 수 없다. ㉢ 층고가 높을 경우 헤드의 작동이 지연되어 신속한 방수가 되지 못한다. ㉣ 감지기 기동 방식보다 경보 발생이 늦다.

② 리타팅 챔버 : 배관 내의 누수에 의한 비화재인 오보를 방지하기 위하여 필요한 장치

06 ①

[별표 1] 소방시설(제3조 관련)

1. 소화설비: 물 또는 그 밖의 소화약제를 사용하여 소화하는 기계·기구 또는 설비로서 다음 각 목의 것
   가. 소화기구
      1) 소화기
      2) 간이소화용구: 에어로졸식 소화용구, 투척용 소화용구 및 소화약제 외의 것을 이용한 간이소화용구
      3) 자동확산소화기
   나. 자동소화장치
      1) 주거용 주방자동소화장치
      2) 상업용 주방자동소화장치
      3) 캐비닛형 자동소화장치

                4) 가스자동소화장치
                5) 분말자동소화장치
                6) 고체에어로졸자동소화장치
        다. 옥내소화전설비(호스릴옥내소화전설비를 포함한다)
        라. 스프링클러설비등
                1) 스프링클러설비
                2) 간이스프링클러설비(캐비닛형 간이스프링클러설비를 포함한다)
                3) 화재조기진압용 스프링클러설비
        마. 물분무등소화설비
                1) 물 분무 소화설비
                2) 미분무소화설비
                3) 포소화설비
                4) 이산화탄소소화설비
                5) 할론소화설비
                6) 할로겐화합물 및 불활성기체 소화설비
                7) 분말소화설비
                8) 강화액소화설비
                9) 고체에어로졸소화설비
        바. 옥외소화전설비

2. 경보설비: 화재발생 사실을 통보하는 기계·기구 또는 설비로서 다음 각 목의 것
    가. 단독경보형 감지기
    나. 비상경보설비
        1) 비상벨설비
        2) 자동식사이렌설비
    다. 자동화재탐지설비
    라. 시각경보기
    마. 화재알림설비
    바. 비상방송설비
    사. 자동화재속보설비
    아. 통합감시시설
    자. 누전경보기
    차. 가스누설경보기

3. 피난구조설비: 화재가 발생할 경우 피난하기 위하여 사용하는 기구 또는 설비로서 다음 각 목의 것
    가. 피난기구
        1) 피난사다리
        2) 구조대
        3) 완강기

                4) 그 밖에 법 제9조제1항에 따라 소방청장이 정하여 고시하는 화재안전기준(이하 "화재안전기준"이라 한다)으로 정하는 것
            나. 인명구조기구
                1) 방열복, 방화복(안전헬멧, 보호장갑 및 안전화를 포함한다)
                2) 공기호흡기
                3) 인공소생기
            다. 유도등
                1) 피난유도선
                2) 피난구유도등
                3) 통로유도등
                4) 객석유도등
                5) 유도표지
            라. 비상조명등 및 휴대용비상조명등

        4. 소화용수설비: 화재를 진압하는 데 필요한 물을 공급하거나 저장하는 설비로서 다음 각 목의 것
            가. 상수도소화용수설비
            나. 소화수조·저수조, 그 밖의 소화용수설비

        5. 소화활동설비: 화재를 진압하거나 인명구조활동을 위하여 사용하는 설비로서 다음 각 목의 것
            가. 제연설비
            나. 연결송수관설비
            다. 연결살수설비
            라. 비상콘센트설비
            마. 무선통신보조설비
            바. 연소방지설비

07 ①

열전도율이 좋을수록 열의 축적이 좋지 않아 화재가 잘 이어나지 않는다.

08 ①

- 미군정 시대(1945년~1948년) : 해방 이후 미국 군사정부(미군정)의 신탁통치를 받았으며 소방을 경찰에서 분리하여 최초로 독립된 자치소방제도를 시행하다.
- 1992년 전국 시·도에 소방본부를 모두 설치하여 광역자치체제로 바뀌었다.
- 경력직 공무원 : 자격과 실적에 따라 임용되며, 신분의 보장 및 평생 동안 공무원으로 근무할 수 있는 공무원을 말한다.
    ① 일반직 공무원 : 기술·연구 또는 행정과 같은 일반 업무를 담당하며 직군·직렬로 구분되는 공무원
    ② 특정직 공무원 : 소방공무원, 검사, 외무공무원, 경찰공무원, 교육공무원, 군무원, 군인, 국가정보원의 직원 및 특수 분야의 업무를 담당하는 공무원으로서 담당업무가 특수해서 자격·신분보장·복무 등 특별법이 우선 적용되는 공무원

• 징계의 종류
  ① 경중에 따른 분류
    ㉠ 중징계 : 파면, 해임, 강등, 정직   ㉡ 경징계 : 감봉, 견책
  ② 신분관계에 따른 분류
    ㉠ 배제징계 : 파면, 해임   ㉡ 교정징계 : 강등, 정직, 감봉, 견책

09 ④

※ 목조 건축물의 화재진행
1) 무염착화 : 가연물이 연소하면서 재로 덮인 숯불모양으로 불꽃 없이 착화되는 현상
2) 발염착화(목재의 발화) : 무염상태의 가연물이 250[℃] 부근에 이르거 되면 불꽃을 내면서 착화되는 현상
3) 발화(출화) : 발화단계에서 플래시 오버(F·O)현상이 발생한다.
  ① 옥내출화
    ㉠ 건축물 실내의 천장 속, 벽, 내부에서 발염착화
    ㉡ 준불연성, 난연성으로 피복된 내부의 목재에 착화
  ② 옥외출화
    ㉠ 건축물 외부의 지붕, 추녀 밑, 벽에 발염착화
    ㉡ 창, 출입구 등의 개구부에 발염착화
4) 최성기
  ① 출화와 동시에 불꽃이 실 전체로 급속히 확되며 연기도 백색에서 흑색으로 변한다.
  ② 실내의 최고온도는 1,300[℃]에 이른다.
  ③ 화재의 특징은 고온단기형이다.
5) 연소낙하 : 최성기 이후 천장, 벽 등이 무너지고 화세가 약해지는 시기이다.
6) 진화(소화)

10 ②

※ 위험물의 소화대책
• 황화인 : 제2류 위험물(질식소화)
• 질산에스터류 : 제5류 위험물(냉각소화)
• 유기금속화합물 : 제3류 위험물(질식소화)
• 알칼리금속의 과산화물 : 제1류 위험물(질식소화)

11 ①

※ 폭발물질의 물리적 상태에 의한 분류
1) 기상폭발
  ① 가스폭발 : 수소, 일산화탄소, 메탄, 프로판 등의 가연성 기체와 공기와의 혼합기의 폭발
  ② 분무폭발 : 공기 중에 분출된 가연성 액체의 미세한 액적이 무상으로 되어 점화원에 의한 폭발
  ③ 분진폭발 : 가연성 고체 미분의 폭발
  ④ 분해폭발 : 분해성 가스와 같은 자기분해성 고체류는 분해하면서 폭발하며 이는 공기 중 산소 없이 단독으로 가스가 분해하여 폭발
  ⑤ 증기운폭발(VCE) : 기중에 량의 가연성 가스가 유출되거나 량의 가연성 액체가 유출 하여 발생하는 증기와 공기와의 혼합기의 폭발

2) 응상폭발(액상과 고상의 폭발)
① 수증기폭발 : 용융금속이나 고온물질이 물 속에 투입되었을 때에 물은 순간적으로 급격히 비등하므로 이로 인한 상태변화에 따른 폭발
② 전선폭발 : 금속선에 큰 전류가 흐르면 주울열에 의한 고온고압의 금속가스가 발생해 팽창 에 의해 충격파가 발생하는 폭발
③ 증기폭발 : 상이 액화가스일 경우 발생하는 폭발로서 물로부터 에너지를 공급받은 액화 가스의 폭발적인 비등현상으로 상변화에 따른 폭발(액상 → 기상)

12 ③

"긴급구조기관"이란 소방청·소방본부 및 소방서를 말한다. 다만, 해양에서 발생한 재난의 경우에는 해양경찰청·지방해양경찰청 및 해양경찰서를 말한다.

13 ②

「재난 및 안전관리 기본법」 제3조(정의)
1. "재난"이란 국민의 생명·신체·재산과 국가에 피해를 주거나 줄 수 있는 것으로서 다음 각 목의 것을 말한다.
    가. 자연재난: 태풍, 홍수, 호우(豪雨), 강풍, 풍랑, 해일(海溢), 대설, 한파, 낙뢰, 가뭄, 폭염, 지진, 황사(黃砂), 조류(藻類) 대발생, 조수(潮水), 화산활동, 「우주개발 진흥법」에 따른 자연우주물체의 추락·충돌, 그 밖에 이에 준하는 자연현상으로 인하여 발생하는 재해
    나. 사회재난: 화재·붕괴·폭발·교통사고(항공사고 및 해상사고를 포함한다)·화생방사고·환경오염사고·다중운집인파사고 등으로 인하여 발생하는 대통령령으로 정하는 규모 이상의 피해와 국가핵심기반의 마비, 「감염병의 예방 및 관리에 관한 법률」에 따른 감염병 또는 「가축전염병예방법」에 따른 가축전염병의 확산, 「미세먼지 저감 및 관리에 관한 특별법」에 따른 미세먼지, 「우주개발 진흥법」에 따른 인공우주물체의 추락·충돌 등으로 인한 피해

14 ②

※ 재난관리 4단계
- 재난의 수습활동을 효율적으로 하기 위하여 재난관리자원의 비축·관리 및 긴급통신수단을 마련한다. - 대비단계
- 재난을 효율적으로 관리하기 위하여 재난유형에 따라 위기관리 매뉴얼을 작성·운용한다. - 대비단계
- 재난 발생을 사전에 방지하기 위하여 매년 재난대비훈련 계획을 수립하고, 관계 기관과 합동으로 재난대비훈련을 실시한다. - 대비단계
- 재난 피해지역을 재해 이전 상태로 회복시키기 위하여 피해상황을 조사하고, 자체복구계획을 수립·시행한다. - 복구단계

15 ③

※ 포의 팽창비

$$팽창비 = \frac{발포 후 포의 체적[L]}{발포 전 포 수용액의 체적[L]} = \frac{포의 체적[L]}{\frac{포 소화약제 체적[L]}{원액의 농도}}$$

① 저발포 : 팽창비가 6배 이상 20배 이하인 포
② 고발포 : 팽창비가 80배 이상 1,000배 미만인 포

㉠ 제1종 기계포 : 팽창비가 80배 이상 250배 미만인 포
㉡ 제2종 기계포 : 팽창비가 250배 이상 500배 미만인 포
㉢ 제3종 기계포 : 팽창비가 500배 이상 1,000배 미만인 포

16 ③

화재하중(Fuel Load) : 화재하중이란 단위면적당 목재 환산 등가 가연물의 양을 말한다. 즉, 일정구역 안에 있는 가연물 전체 발열량을 목재의 단위질량당 발열량으로 나누면 목재의 양으로 환산된다. 이를 다시 그 구역의 바닥면적으로 나누면 단위면적당 가연물(목재)의 양이 되는데, 이를 화재하중이라 하고 주수시간을 결정하는 주요인이 된다.

$$Q = \frac{\Sigma(G_t \times H_t)}{H \times A} = \frac{(1,000 \times 5,000) + (2,000 \times 9,000)}{4,500 \times 200} = 25.56 \, [\text{kg/m}^2]$$

Q : 화재하중[kg/m²], G_t : 가연물의 양[kg], H_t : 가연물의 단위 발열량[kcal/kg]

H : 목재단위발열량(4,500[kcal/kg]), A : 화재실 바닥면적[m²]

17 ④

화재가혹도(Fire Severity) : 화재발생으로 당해 건물과 내부 수용재산 등을 파괴하거나 손상을 입히는 정도를 말한다. 최고온도(화재강도) × 화재지속시간의 개념으로 판단하며, 최고온도는 화재가혹도의 질적 개념으로 화재강도와 관련이 있고, 지속시간은 화재가혹도의 양적 개념으로 화재하중과 관련이 있다. 화재가혹도에 영향을 미치는 환기요소는 개구부 면적에 비례하고 개구부 높이의 제곱근에 비례한다.

18 ④

※ 연기 이동 요인
① 굴뚝효과(실내·외의 온도차)
② 화재에 의한 부력(온도에 의한 가스의 팽창)
③ 중성대
④ 건축물 내의 강제적인 공기 이동(공조 설비)
⑤ 외부에서의 바람의 향(풍압차)

19 ④

※ **인화점(유도발화점, Flash Point)**
가연성 기체와 공기가 혼합된 상태에서 외부의 직접적인 점화원에 의해 순간적으로 연소가 일어날 수 있는 최저온도를 인화점 또는 유도 발화점이라 한다. 특히 휘발성 물질의 경우 점화원을 접하여 발화될 수 있는 최저온도를 말하며 인화성 액체의 위험성을 나타내는 척도이다.

※ **연소점(Fire Point)**
인화점 이후 점화원을 제거한 후에도 지속적으로 연소상태를 유지시킬 수 있는 최저온도를 연소점이라 한다.

※ 연소범위의 특성
① 연소범위가 넓을수록 위험성은 증가한다.
② 연소상한계가 증가할수록, 연소하한계가 감소할수록 연소범위도 증가하여 위험성도 증가한다.
※ 파라핀계 탄화수소화합물의 경우 탄소수가 많을수록 발화점이 낮아진다.

20 ③

※ 제4류 위험물(인화성 액체)의 일반적인 성질
① 대단히 인화하기 쉽다.
② 물보다 가볍고 물에 녹지 않는다.
③ 증기비중은 공기보다 무겁기 때문에 낮은 곳에 체류하여 연소, 폭발의 위험이 있다.
④ 연소범위의 하한이 낮기 때문에 공기 중 소량 누설되어도 연소한다.
⑤ 전기부도체이므로 정전기 발생에 주의한다.

21 ②

「화재조사 및 보고규정」 제10조(화재건수 결정)
1건의 화재란 1개의 발화지점에서 확대된 것으로 발화부터 진화까지를 말한다. 다만, 다음 경우는 각 호에 따른다.
1. 동일범이 아닌 각기 다른 사람에 의한 방화, 불장난은 동일 대상물에서 발화했더라도 각각 별건의 화재로 한다.
2. 동일 소방대상물의 발화점이 2개소 이상 있는 다음의 화재는 1건의 화재로 한다.
    가. 누전점이 동일한 누전에 의한 화재
    나. 지진, 낙뢰 등 자연현상에 의한 다발화재
3. 발화지점이 한 곳인 화재현장이 둘 이상의 관할구역에 걸친 화재는 발화지점이 속한 소방서에서 1건의 화재로 산정한다. 다만, 발화지점 확인이 어려운 경우에는 화재피해금액이 큰 관할구역 소방서의 화재 건수로 산정한다.

22 ③

※ 할로겐화합물 및 불활성기체 소화약제의 구비조건
① 오존층파괴지수(ODP)가 0일 것
② 지구온난화지수(GWP)가 낮을 것
③ 가격이 저렴할 것
④ 소화능력이 우수할 것
⑤ 독성이 낮을 것
⑥ 오랜 기간(장기간) 저장이 가능할 것
⑦ 피연소물에 대해 변화를 주지 않을 것
⑧ 소화 후 잔여물을 남기지 않고 깨끗한 약제로 증거보존이 가능할 것

23 ①

※ 수성막포 소화약제 (3%, 6%형 – 저발포)
불소계 계면활성제가 주성분으로 AFFF(Aqueous Flim Foaming Foam)라고 부른다(불소 계 계면 활성제포라고도 부른다). 내열성은 약해 윤화(Ring Fire)현상이 일어날 수 있으나 유류표면에 수성막을 형성하여 액체의 증발을 억제함으로써 다른 포에 비해 소화성능이 우수하다. 수성막포 소화약제는 일명 Lighting Water라고도 하며, 단백포에 비해 약 5배 정도의 소화 능력을 가지고 있으며, 또한 CDC분말(드라이케미컬)과 혼합하여 사용가능하며 약 7~8배 정도의 소화능력을 가질 수 있다. 유류저장탱크, 비행기격납고 등에 적합하다. 고정포 방출방식 중 표면하 주입방식이 가능하다.

※ 불화단백포 소화약제 (3%, 6%형 – 저발포)
불소계 계면활성제를 단백포에 첨가하여 제조한 소화약제로 안정도가 높고 열에 잘 견디는 내구력이 강한 소화약제이다. 가격이 비싸 잘 사용하지 않는다. 고정포 방출방식 중 표면하 주입방식이 가능하다.

24 ①

기동용기의 가스는 선택밸브 및 자동폐쇄장치를 작동시키는 역할을 한다.

25 ②

「재난 및 안전관리 기본법」
- 국가재난관리기준의 제정·운용 – 재난의 대비
- 재난 예보·경보체계 구축·운영 – 재난의 대응
- 재난안전분야 종사자 교육 – 재난의 예방
- 재난안전통신망의 구축·운영 – 재난의 대비

소방학개론 최종모의고사 정답 및 해설

2025 진수 소방학개론 **최종모의고사**

01	02	03	04	05	06	07	08	09	10
③	④	③	②	②	①	③	④	②	②
11	12	13	14	15	16	17	18	19	20
①	④	②	②	④	③	④	③	③	④
21	22	23	24	25					
②	④	③	②	④					

01 ③

대류: 유체(액체, 기체)의 열전달로서 고온체와 저온체 간의 온도차에 의한 밀도차로 열이 전달되는 현상을 말한다.

02 ④

임용이란 신규채용, 승진, 전보, 파견, 강임, 휴직, 직위해제, 정직, 강등, 복직, 면직, 해임 및 파면을 말한다.
- 공무원신분의 발생: 신규채용
- 공무원신분의 변경: 승진, 전보, 직위해제, 파견, 강임, 휴직, 강등, 정직, 복직
- 공무원신분의 소멸: 면직, 파면, 해임

03 ③

황린(P4) – 제3류 위험물로서 자연발화성이 큰 물질로 공기 중의 산소와 산화 반응을 방지하기 위해 물속에 저장한다.

04 ②

※ 전기화재 발생원인
- 단락(가장 큰 비중)
- 누전
- 과부하
- 낙뢰
- 정전기
- 아크

05 ②

※ 조직의 기본원리
① 분업의 원리 : 전문화의 원리 또는 기능의 원리로서 한 사람이나 하나의 부서가 한 가지의 업무를 맡는다는 원리
② 업무조정의 원리 : 분업·전문화된 조직을 통합하는 원리로서 목표달성을 위하여 개인이나 조직을 통합하고 행동을 통일시킨다는 원리
③ 계층제의 원리 : 권한 및 책임에 따른 상하의 계층을 등급화한다는 원리
④ 명령통일의 원리 : 한 사람의 상급자에게 명령을 받고 보고하는 원리
⑤ 계선의 원리 : 의사결정과정에서 개인의 의견이 참여되지만, 결정은 기관의 장이 내린다는 원리
⑥ 통솔 범위의 원리 : 한 사람의 상관이 감독하는 부하의 수는 그 상관의 통제 능력 범위 내에 한정되어야 한다는 원리

06 ①

"동식물유류"라 함은 동물의 지육(枝肉: 머리, 내장, 다리를 잘라 내고 아직 부위별로 나누지 않은 고기를 말한다) 등 또는 식물의 종자나 과육으로부터 추출한 것으로서 1기압에서 인화점이 섭씨 250도 미만인 것을 말한다. 다만, 법 제20조제1항의 규정에 의하여 행정안전부령으로 정하는 용기기준과 수납·저장기준에 따라 수납되어 저장·보관되고 용기의 외부에 물품의 통칭명, 수량 및 화기엄금(화기엄금과 동일한 의미를 갖는 표시를 포함한다)의 표시가 있는 경우를 제외한다.

구 분	요오드값	자연발화성	불포화도	종 류
건성유	130 이상	크 다	크 다	해바라기유, 동유, 아마인유, 정어리기름, 들기름
반건성유	100 이상~130 미만	중 간	중 간	채종유, 목화씨기름, 참기름, 콩기름
불건성유	100 미만	적 다	적 다	야자유, 올리브유, 피마자유, 동백유

(요오드값 : 요오드 100g에 부과되는 요오드의 g수)

07 ③

※ 물질의 특성과 위험성의 관계
- 인화점 및 착화점이 낮을수록 위험하다.
- 착화에너지가 작을수록 위험하다.
- 비점 및 융점이 낮을수록 위험하다.
- 연소범위가 넓을수록 위험하다.

08 ④

※ 제4류 위험물
- 특수인화물 – 디에틸에테르, 이황화탄소, 아세트알데히드, 산화프로필렌 등
- 제1석유류 – 아세톤, 휘발유, 벤젠, 톨루엔 등
- 알코올류 – 메틸알코올, 에틸알코올, 이소프로필알코올
- 제2석유류 – 등유, 경유, 아세트산, 크실렌 등
- 제3석유류 – 중유, 클레오소트유, 글리세린, 아닐린 등
- 제4석유류 – 기어유, 실린더유, 스핀들유, 터빈유, 모빌유, 엔진오일, 컴프레셔오일 등
- 동식물유류 – 해바라기유, 들기름, 참기름, 콩기름, 올리브유, 야자유 등

09 ②

※ 푸리에(Fourier)법칙

$$Q = \frac{K A \Delta T}{L}$$

Q : 전도에 의한 이동 열량 [W]   K : 각 물질의 열전도도(열전도율) [W/m·℃]
A : 접촉된 단면적 [m2] ΔT : 물체의 온도 차 [℃](고온 – 저온)
L : 길이(두께) [m]

① 이동열량은 전열체의 단면적에 비례한다.
② 이동열량은 전열체의 두께에 반비례한다.
③ 이동열량은 전열체의 열전도도에 비례한다.
④ 이동열량은 전열체 내·외부의 온도차에 비례한다.

10 ②

소방공무원 임용령 제8조(소방공무원인사위원회의 구성)
① 법 제4조에 따른 소방공무원인사위원회(이하 "인사위원회"라 한다)는 위원장을 포함한 5명 이상 7명 이하의 위원으로 구성한다.
② 소방청에 설치된 인사위원회의 위원장은 소방청 차장이, 시·도에 설치된 인사위원회의 위원장은 소방본부장이 되고, 위원은 인사위원회가 설치된 기관의 장이 소속 소방정 이상의 소방공무원 중에서 임명한다.

11 ①

위험도 – 연소범위를 이용하여 가연물의 위험성을 갈음할 수 있는 계산 값으로 위험도가 클수록 연소 위험성이 크다.

$$H = \frac{U-L}{L} \quad \begin{array}{l} H : 위험도 \\ U : 연소상한계(\%) \\ L : 연소하한계(\%) \end{array}$$

- 산화프로필렌 $H = \frac{80-3}{3} = 25.7$
- 수소 $H = \frac{75-4}{4} = 17.8$
- 프로판 $H = \frac{9.5-2.1}{2.1} = 3.5$
- 부탄 $H = \frac{8.4-1.8}{1.8} = 3.7$

12 ④

종류	급수	표시색	내용
일반화재	A급화재	백색	나무, 섬유, 종이, 고무, 플라스틱류와 같은 일반 가연물이 타고 나서 재가 남는 화재
유류화재	B급화재	황색	인화성 액체, 가연성 액체, 타르, 오일, 유성도료, 솔벤트, 알코올 등과 같은 유류가 타고 나서 재가 남지 않는 화재
전기화재	C급화재	청색	전류가 흐르고 있는 전기기기, 배선과 관련된 화재
금속화재	D급화재	무색	가연성이 강한 금속류의 화재
주방화재	K급화재	무색	주방에서 동·식물유를 취급하는 조리기구에서 일어나는 화재
가스화재	E급화재	황색	LNG, LPG 등 가스누설로 인한 연소·폭발

13 ②

밀폐된 실내에서 화재가 발생하면 실내의 온도상승에 따른 압력의 상승이 동반된다.

보일–샤를의 법칙

$PV \propto T$ 여기서, $V = $ 일정

$P \propto T$ 이므로 온도상승에 따른 압력의 상승이 동반된다.

14 ②

- 미군정 시대(1945년~1948년) : 해방 이후 미국 군사정부(미군정)의 신탁통치를 받았으며 소방을 경찰에서 분리하여 최초로 독립된 자치소방제도를 시행하다.
- 1992년 전국 시·도에 소방본부를 모두 설치하여 광역자치체제로 바뀌었다.
- 경력직 공무원 : 자격과 실적에 따라 임용되며, 신분의 보장 및 평생 동안 공무원으로 근무할 수 있는 공무원을 말한다.
  ① 일반직 공무원 : 기술·연구 또는 행정과 같은 일반 업무를 담당하며 직군·직렬로 구분되는 공무원
  ② 특정직 공무원 : 소방공무원, 검사, 외무공무원, 경찰공무원, 교육공무원, 군무원, 군인, 국가정보원의 직원 및 특수 분야의 업무를 담당하는 공무원으로서 담당업무가 특수해서 자격·신분보장·복무 등 특별법이 우선 적용되는 공무원
- 징계의 종류
  ① 경중에 따른 분류
    ㉠ 중징계 : 파면, 해임, 강등, 정직   ㉡ 경징계 : 감봉, 견책
  ② 신분관계에 따른 분류
    ㉠ 배제징계 : 파면, 해임   ㉡ 교정징계 : 강등, 정직, 감봉, 견책

15 ④

※ 존스의 재난분류

존스의 재난분류	1. 자연재난	ㄱ. 지구물리학적 재난	지질학적 재난	지진, 화산, 해양지진 등
			지형학적 재난	산사태 등
			기상학적 재난	태풍, 번개, 토네이도, 해일 등
		ㄴ. 생물학적 재난	유독성 식물, 세균성 질병	
	2. 준자연재난 : 스모그, 홍수, 눈사태, 온난화 등			
	3. 인적재난 : 교통사고, 폭발사고, 전재, 공해 등			

16 ③

재난안전상황실
① 행정안전부장관, 시·도지사 및 시장·군수·구청장은 재난정보의 수집 전파, 상황관리, 재난발생 시 초동조치 및 지휘 등의 업무를 수행하기 위하여 다음 각 호의 구분에 따른 상시 재난안전상황실을 설치·운하여야 한다.
  1. 행정안전부장관 : 중앙재난안전상황실
  2. 시·도지사 및 시장·군수·구청장 : 시·도별 및 시·군·구별 재난안전상황실

17 ④

※ 피난방향 및 피난경로의 유형

구 분	피난방향의 종류	피난로의 방향	
X형			확실한 피난로가 보장된다.
Y형			
T형			방향이 확실하여 분간하기 쉽다.
I형			
Z형			중앙복도형에서 core 식 중 양호하다.
ZZ형			
H형			중앙 코어 식으로 피난자들의 집중으로 패닉(panic)현상이 일어날 우려가 있다.
CO형			

18 ③

※ 소방행정권의 한계

「소방기본법」 제1조 목적에서 말하는 바와 같이 국민의 생명과 신체 및 재산을 보호함으로써 공공의 안녕 및 질서유지와 복리증진에 이바지 하여야 할 의무가 있다. 그러기 위해서 소방행정권을 무한정 행사할 수 있지는 않다. 그러므로 소방행정권을 사용함에 있어 어느 정도 한계를 가지고 있다는 것을 알 수 있다. 이러한 것을 소방행정권의 한계라고 한다. 소방행정권의 한계는 다음과 같은 원칙이 있다.

(1) 소극목적의 원칙

사회의 질서유지에 방해가 되는 요소만을 제거하기 위해 소극적인 목적으로만 소방행정권을 행사해야 한다는 원칙을 말한다.

(2) 공공의 원칙

개인의 사생활에는 관여하지 않고, 공공의 이익을 위해서만 소방행정권이 행사되어야 한다는 원칙을 말한다. (사생활의 불가침원칙, 사주거의 불가침원칙, 민사법률의 불간섭원칙, 소방책임의 원칙 등)

(3) 비례의 원칙

소방행정권은 직위나 신분, 재산에 의하여 다르게 적용되는 게 아니라 모든 사람에게 균등하게 행사되어야 한다는 원칙을 말한다.

19 ③

「재난 및 안전관리 기본법」 제60조 (특별재난지역의 선포)
① 중앙대책본부장은 대통령령으로 정하는 규모의 재난이 발생하여 국가의 안녕 및 사회질서의 유지에 중대한 영향을 미치거나 피해를 효과적으로 수습하기 위하여 특별한 조치가 필요하다고 인정하거나 제4항에 따른 지역대책본부장의 요청이 타당하다고 인정하는 경우에는 중앙위원회의 심의를 거쳐 해당 지역을 특별재난지역으로 선포할 것을 대통령에게 건의할 수 있다.
② 제1항에 따라 대통령령으로 재난의 규모를 정할 때에는 다음 각 호의 사항을 고려하여야 한다.
  1. 인명 또는 재산의 피해 정도
  2. 재난지역 관할 지방자치단체의 재정 능력
  3. 재난으로 피해를 입은 구역의 범위
③ 제1항에 따라 특별재난지역의 선포를 건의받은 대통령은 해당 지역을 특별재난지역으로 선포할 수 있다.
④ 지역대책본부장은 관할지역에서 발생한 재난으로 인하여 제1항에 따른 사유가 발생한 경우에는 중앙대책본부장에게 특별재난지역의 선포 건의를 요청할 수 있다.

20 ④

위험물은 그 운반용기의 외부에 다음 각 목에 정하는 바에 따라 위험물의 품명, 수량 등을 표시하여 적재하여야 한다. 다만, UN의 위험물 운송에 관한 권고(RTDG, Recommendations on the Transport of Dangerous Goods)에서 정한 기준 또는 소방청장이 정하여 고시하는 기준에 적합한 표시를 한 경우에는 그러하지 아니하다.
① 위험물의 품명·위험등급·화학명 및 수용성("수용성" 표시는 제4류 위험물로서 수용성인 것에 한한다)
② 위험물의 수량
③ 수납하는 위험물에 따라 다음의 규정에 의한 주의사항

- 제1류 위험물
  - 알칼리금속의 과산화물 : 화기·충격주의, 물기엄금, 가연물접촉주의
  - 그 밖의 것 : 화기·충격주의, 가연물접촉주의
- 제2류 위험물
  - 철분·금속분·마그네슘 : 화기주의, 물기엄금
  - 인화성 고체 : 화기엄금
  - 그 밖의 것 : 화기주의
- 제3류 위험물
  - 자연발화성 물질 : 화기엄금, 공기접촉엄금
  - 금수성 물질 : 물기엄금
- 제4류 위험물 : 화기엄금
- 제5류 위험물 : 화기엄금, 충격주의
- 제6류 위험물 : 가연물접촉주의

21 ②

※ 소방시설

<table>
<tr><td rowspan="16">Ⅰ. 소화설비</td><td colspan="2">물 또는 그 밖의 소화약제를 사용하는 기계·기구 또는 설비</td></tr>
<tr><td rowspan="3">1. 소화기구</td><td>① 소화기</td></tr>
<tr><td>② 간이소화용구 : 에어로졸식 소화용구, 투척용 소화용구, 소공간용 소화용구 및 소화약제 외의 것을 이용한 간이소화용구</td></tr>
<tr><td>③ 자동확산소화기</td></tr>
<tr><td rowspan="6">2. 자동소화장치</td><td>① 주거용 주방자동소화장치</td></tr>
<tr><td>② 상업용 주방자동소화장치</td></tr>
<tr><td>③ 캐비넷형 자동소화장치</td></tr>
<tr><td>④ 가스자동소화장치</td></tr>
<tr><td>⑤ 분말자동소화장치</td></tr>
<tr><td>⑥ 고체에어로졸자동소화장치</td></tr>
<tr><td colspan="2">3. 옥내소화전설비(호스릴옥내소화전설비를 포함한다)</td></tr>
<tr><td rowspan="3">4. 스프링클러설비 등</td><td>① 스프링클러설비</td></tr>
<tr><td>② 간이스프링클러설비(캐비넷형 간이스프링클러설비를 포함한다)</td></tr>
<tr><td>③ 화재조기진압용 스프링클러설비</td></tr>
<tr><td>5. 물분무등소화설비</td><td>① 물분무 소화설비   ⑤ 할론 소화설비
② 미분무 소화설비   ⑥ 할로겐화합물 및 불활성기체(다른 원소와 화학 반응을 일으키기 어려운 기체를 말한다. 이하 같다) 소화설비
③ 포 소화설비   ⑦ 분말 소화설비
④ 이산화탄소 소화설비 ⑧ 강화액 소화설비
⑨ 고체에어로졸 소화설비</td></tr>
<tr><td colspan="2">6. 옥외소화전설비</td></tr>
<tr><td rowspan="11">Ⅱ. 경보설비</td><td colspan="2">화재발생 사실을 통보하는 기계·기구 또는 설비</td></tr>
<tr><td colspan="2">1. 단독경보형 감지기</td></tr>
<tr><td>2. 비상경보설비</td><td>① 비상벨설비
② 자동식 사이렌설비</td></tr>
<tr><td colspan="2">3. 자동화재탐지설비</td></tr>
<tr><td colspan="2">4. 시각경보기</td></tr>
<tr><td colspan="2">5. 화재알림설비</td></tr>
<tr><td colspan="2">6. 비상방송설비</td></tr>
<tr><td colspan="2">7. 자동화재속보설비</td></tr>
<tr><td colspan="2">8. 통합감시설비</td></tr>
<tr><td colspan="2">9. 누전경보기</td></tr>
<tr><td colspan="2">10. 가스누설경보기</td></tr>
</table>

		화재가 발생할 경우 피난하기 위하여 사용하는 기구 또는 설비
Ⅲ. 피난구조설비	1. 피난기구	① 피난사다리 ② 구조대 ③ 완강기 ④ 그 밖에 소방청장이 정하여 고시하는 화재안전기준으로 정하는 것
	2. 인명구조기구	① 방열복, 방화복(안전모, 보호장갑 및 안전화를 포함한다) ② 공기호흡기 ③ 인공소생기
	3. 유도등	① 피난유도선 ② 피난구유도등 ③ 통로유도등 ④ 객석유도등 ⑤ 유도표지
	4. 비상조명등 및 휴대용비상조명등	
Ⅳ. 소화용수설비		화재를 진압하는 데 필요한 물을 공급하거나 저장하는 설비
	1. 상수도소화용수설비	
	2. 소화수조·저수조, 그 밖의 소화용수	
Ⅴ. 소화활동설비		화재를 진압하거나 인명구조활동을 위하여 사용하는 설비
	1. 제연설비	
	2. 연결송수관설비	
	3. 연결살수설비	
	4. 비상콘센트설비	
	5. 무선통신보조설비	
	6. 연소방지설비	

22 ④

※ 주유취급소에는 안전관리자의 자격(위험물기능장, 위험물산업기사, 위험물기능사, 안전관리자교육이수자 또는 소방공무원경력자(소방공무원으로 3년 이상 근무))이 있는 사람을 위험물 안전관리자로 선임하여야 한다.

※ 소방안전관리대상물의 관계인은 소방안전관리 업무를 수행하기 위하여 소방안전관리에 자격이 있는 자를 소방안전관리자 및 소방안전관리보조자로 선임하여야 한다.

※ 의용소방대 설치 및 운영에 관한 법률
 제1조(목적) : 화재진압, 구조·구급 등의 소방업무를 체계적으로 보조하기 위하여 의용소방대 설치 및 운영 등에 필요한 사항을 규정함을 목적으로 한다.

※ 자체소방대를 설치하여야 하는 사업소
 • 제4류 위험물의 최대수량의 합이 지정수량의 3천배 이상을 취급하는 제조소 또는 일반취급소
 • 제4류 위험물의 최대수량이 지정수량의 50만 배 이상을 저장하는 옥외탱크저장소

23 ③

시행규칙 [별표 4]

소방신호의 방법(제10조제2항관련)

신호방법 종별	타종신호	싸이렌신호	그밖의 신호
경계신호	1타와 연2타를 반복	5초 간격을 두고 30초씩 3회	"통풍대" "게시판" 적색/백색 화재경보발령중
발화신호	난타	5초 간격을 두고 5초씩 3회	
해제신호	상당한 간격을 두고 1타씩 반복	1분간 1회	"기" 적색/백색
훈련신호	연3타반복	10초 간격을 두고 1분씩 3회	

비고
1. 소방신호의 방법은 그 전부 또는 일부를 함께 사용할 수 있다.
2. 게시판을 철거하거나 통풍대 또는 기를 내리는 것으로 소방활동이 해제되었음을 알린다.
3. 소방대의 비상소집을 하는 경우에는 훈련신호를 사용할 수 있다.

24 ②

「재난 및 안전관리 기본법」 제36조 (재난사태 선포)
① 행정안전부장관은 대통령령으로 정하는 재난이 발생하거나 발생할 우려가 있는 경우 사람의 생명·신체 및 재산에 미치는 중대한 영향이나 피해를 줄이기 위하여 긴급한 조치가 필요하다고 인정하면 중앙위원회의 심의를 거쳐 재난사태를 선포할 수 있다.

25 ④

※ 연기 이동 요인
① 굴뚝효과(실내·외의 온도차)
② 화재에 의한 부력(온도에 의한 가스의 팽창)
③ 건축물 내의 강제적인 공기 이동(공조 설비)
④ 외부에서의 바람의 향(풍압차)

제6회 소방학개론 최종모의고사 정답 및 해설

2025 진수 소방학개론 **최종모의고사**

01	02	03	04	05	06	07	08	09	10
④	③	②	①	①	②	②	②	③	③
11	12	13	14	15	16	17	18	19	20
④	③	④	①	④	③	④	②	③	④
21	22	23	24	25					
③	②	①	③	④					

01 ④

「화재조사 및 보고규정」 제2조 (용어의 정의)

이 규정에서 사용하는 용어의 정의는 다음과 같다.
1. "감식"이란 화재원인의 판정을 위하여 전문적인 지식, 기술 및 경험을 활용하여 주로 시각에 의한 종합적인 판단으로 구체적인 사실관계를 명확하게 규명하는 것을 말한다.
2. "감정"이란 화재와 관계되는 물건의 형상, 구조, 재질, 성분, 성질 등 이와 관련된 모든 현상에 대하여 과학적 방법에 의한 필요한 실험을 행하고 그 결과를 근거로 화재원인을 밝히는 자료를 얻는 것을 말한다.
3. "발화"란 열원에 의하여 가연물질에 지속적으로 불이 붙는 현상을 말한다.
4. "발화열원"이란 발화의 최초 원인이 된 불꽃 또는 열을 말한다.
5. "발화지점"이란 열원과 가연물이 상호작용하여 화재가 시작된 지점을 말한다.
6. "발화장소"란 화재가 발생한 장소를 말한다.
7. "최초착화물"이란 발화열원에 의해 불이 붙은 최초의 가연물을 말한다.
8. "발화요인"이란 발화열원에 의하여 발화로 이어진 연소현상에 영향을 준 인적·물적·자연적인 요인을 말한다.
9. "발화관련 기기"란 발화에 관련된 불꽃 또는 열을 발생시킨 기기 또는 장치나 제품을 말한다.
10. "동력원"이란 발화관련 기기나 제품을 작동 또는 연소시킬 때 사용되어진 연료 또는 에너지를 말한다.
11. "연소확대물"이란 연소가 확대되는데 있어 결정적 영향을 미친 가연물을 말한다.
12. "재구입비"란 화재 당시의 피해물과 같거나 비슷한 것을 재건축(설계 감리비를 포함한다) 또는 재취득하는데 필요한 금액을 말한다.
13. "내용연수"란 고정자산을 경제적으로 사용할 수 있는 연수를 말한다.
14. "손해율"이란 피해물의 종류, 손상 상태 및 정도에 따라 피해금액을 적정화시키는 일정한 비율을 말한다.
15. "잔가율"이란 화재 당시에 피해물의 재구입비에 대한 현재가의 비율을 말한다.
16. "최종잔가율"이란 피해물의 내용연수가 다한 경우 잔존하는 가치의 재구입비에 대한 비율을 말한다.
17. "화재현장"이란 화재가 발생하여 소방대 및 관계인 등에 의해 소화활등이 행하여지고 있거나 행하여진 장소를 말한다.
18. "접수"란 119종합상황실(이하 "상황실"이라 한다)에서 유·무선 전화 또는 다매체를 통하여 화재 등의 신고를 받는 것을 말한다.
19. "출동"이란 화재를 접수하고 상황실로부터 출동지령을 받아 소방대가 차고 등에서 출발하는 것을 말한다.
20. "도착"이란 출동지령을 받고 출동한 소방대가 현장에 도착하는 것을 말한다.
21. "선착대"란 화재현장에 가장 먼저 도착한 소방대를 말한다.
22. "초진"이란 소방대의 소화활동으로 화재확대의 위험이 현저하게 줄어들거나 없어진 상태를 말한다.
23. "잔불정리"란 화재 초진 후 잔불을 점검하고 처리하는 것을 말한다. 이 단계에서는 열에 의한 수증기나 화염 없이 연기만 발생하는 연소현상이 포함될 수 있다.

24. "완진"이란 소방대에 의한 소화활동의 필요성이 사라진 것을 말한다.
25. "철수"란 진화가 끝난 후, 소방대가 화재현장에서 복귀하는 것을 말한다.
26. "재발화감시"란 화재를 진화한 후 화재가 재발되지 않도록 감시조를 편성하여 일정 시간 동안 감시하는 것을 말한다.

02 ③

※ 화재가혹도(Fire Severity)
① 화재가혹도(FireSeverity)는 방호공간 안에서 화재의 발생으로 건물 내 수용재산 및 건물자체에 손상을 입히는 정도로 화재규모를 판단하는데 중요한 요소이다.
② 최고온도(화재강도) × 화재지속시간의 개념으로 화재가혹도를 판단해야 된다.

03 ②

「재난 및 안전관리 기본법」 제3조(정의) 이 법에서 사용하는 용어의 뜻은 다음과 같다.
1. "재난"이란 국민의 생명·신체·재산과 국가에 피해를 주거나 줄 수 있는 것으로서 다음 각 목의 것을 말한다.
   가. 자연재난: 태풍, 홍수, 호우(豪雨), 강풍, 풍랑, 해일(海溢), 대설, 한파, 낙뢰, 가뭄, 폭염, 지진, 황사(黃砂), 조류(藻類) 대발생, 조수(潮水), 화산활동, 「우주개발 진흥법」에 따른 자연우주물체의 추락·충돌, 그 밖에 이에 준하는 자연현상으로 인하여 발생하는 재해
   나. 사회재난: 화재·붕괴·폭발·교통사고(항공사고 및 해상사고를 포함한다)·화생방사고·환경오염사고·다중운집인파사고 등으로 인하여 발생하는 대통령령으로 정하는 규모 이상의 피해와 국가핵심기반의 마비, 「감염병의 예방 및 관리에 관한 법률」에 따른 감염병 또는 「가축전염병예방법」에 따른 가축전염병의 확산, 「미세먼지 저감 및 관리에 관한 특별법」에 따른 미세먼지, 「우주개발 진흥법」에 따른 인공우주물체의 추락·충돌 등으로 인한 피해

04 ①

※ 강화액 소화약제
물 소화약제의 단점인 동결을 방지하고 소화 성능을 향상시키기 위해 물에 탄산칼륨(K_2CO_3), 인산암모늄((NH_4)$_2PO_4$), 황산암모늄((NH_4)$_2SO_4$)과 침투제 등을 첨가하여 만든 약알칼리성의 소화약제이다. 겨울철 또는 한랭지역에서도 사용이 가능하며, 독성 및 부식성이 없는 것이 특징이다. 또한 탄산칼륨의 K^+이온에 의한 부촉매효과도 가지고 있다.

※ 강화액 소화약제 소화원리
㉮ 냉각소화   ㉯ 질식소화
㉰ 유화(乳化)소화   ㉱ 부촉매소화(K^+)

05 ①

- 폭굉유도거리(Detonation Induction Distance, DID) : 최초 완만한 연소가 격렬한 폭굉으로 발전할 때까지 거리로서 짧을수록 위험하다.
- 폭굉 유도거리가 짧아지는 조건
  ㉠ 관경이 작을수록
  ㉡ 점화에너지가 큰 경우
  ㉢ 압력이 높을수록

ⓔ 관 속에 장애물 또는 이물질이 있는 경우
ⓜ 연소반응속도가 빠른 경우

06 ②

※ **연소가스**
① 포스겐($COCl_2$)
  ㉮ 염소를 함유한 가연물의 연소 시 발생하는 맹독성 가스이다.
  ㉯ 소화약제인 할론104(사염화탄소, CCl_4)를 이용하여 소화 시에도 발생한다.
  ㉰ 독성허용농도는 0.1ppm이다.
② 이산화질소(NO_2)
  ㉮ 질산셀룰로오스 등의 불완전연소 시 또는 질산염계통 연소 시 발생하는 적갈색을 띤 유독가스이다.
  ㉯ 독성허용농도는 1ppm이다.
③ 황화수소(H_2S, 유화수소)
  ㉮ 황을 함유한 가연물의 불완전연소 시 발생하며 무색의 가스이다.
  ㉯ 달걀 썩는 냄새가 나고, 후각을 마비시킨다.
  ㉰ 독성허용농도는 10ppm이다.
④ 염화수소(HCl)
  ㉮ 폴리염화비닐(PVC)과 같은 염소를 함유한 수지류가 연소할 때 발생하며 무색의 가스이다.
  ㉯ 금속에 대한 강한 부식성이 있다.
  ㉰ 독성허용농도는 5ppm이다.
⑤ 아크로레인(CH_2CHCHO)
  ㉮ 석유제품, 유지류 등이 연소할 때 발생되는 맹독성 가스이다.
  ㉯ 아크릴알데히드라고도 하며, 점막을 침해하고 10ppm이상 이면 사람을 치사시킨다.
  ㉰ 독성허용농도는 0.1ppm이다.

07 ②

※ **소방활동구역의 출입자**
1. 소방활동구역 안에 있는 소방대상물의 소유자·관리자 또는 점유자
2. 전기·가스·수도·통신·교통의 업무에 종사하는 사람으로서 원활한 소방활동을 위하여 필요한 사람
3. 의사·간호사 그 밖의 구조·구급업무에 종사하는 사람
4. 취재인력 등 보도업무에 종사하는 사람
5. 수사업무에 종사하는 사람
6. 그 밖에 소방대장이 소방활동을 위하여 출입을 허가한 사람

08 ②

※ 주유취급소에는 안전관리자의 자격(위험물기능장, 위험물산업기사, 위험물기능사, 안전관리자교육이수자 또는 소방공무원경력자(소방공무원으로 3년 이상 근무))이 있는 사람을 위험물 안전관리자로 선임하여야 한다.
※ 소방안전관리대상물의 관계인은 소방안전관리 업무를 수행하기 위하여 소방안전관리에 자격이 있는 자를 소방안전관리자 및 소방안전관리보조자로 선임하여야 한다.
※ 의용소방대 설치 및 운영에 관한 법률
  제1조(목적) : 화재진압, 구조·구급 등의 소방업무를 체계적으로 보조하기 위하여 의용소방대 설치 및 운영 등에 필요한 사항을 규정함을 목적으로 한다.

2025 진수 소방학개론 최종모의고사

※ 자체소방대를 설치하여야 하는 사업소
다량의 위험물을 저장·취급하는 제조소 등으로서 ① 대통령령이 정하는 제조소 등이 있는 동일한 사업소에서 ② 대통령령이 정하는 수량 이상의 위험물을 저장 또는 취급하는 경우 당해 사업소의 관계인은 대통령령이 정하는 바에 따라 당해 사업소에 자체소방대를 설치하여야 한다.

> ① "대통령령이 정하는 제조소등"이란 다음 각 호의 어느 하나에 해당하는 제조소등을 말한다.
>   1. 제4류 위험물을 취급하는 제조소 또는 일반취급소
>   2. 제4류 위험물을 저장하는 옥외탱크저장소
> ② "대통령령이 정하는 수량 이상"이란 다음 각 호의 구분에 따른 수량을 말한다.
>   1. 제1항제1호에 해당하는 경우: 제조소 또는 일반취급소에서 취급하는 제4류 위험물의 최대수량의 합이 지정수량의 3천배 이상
>   2. 제1항제2호에 해당하는 경우: 옥외탱크저장소에 저장하는 제4류 위험물의 최대수량이 지정수량의 50만배 이상

09 ③

※ 메탄(CH_4)의 완전연소
$CH_4 + 2O_2 \rightarrow CO_2 + 2H_2O + Q[kcal]$

메탄 1mol의 분자량은 16g 이다. 따라서 메탄의 mol 수 $n = \dfrac{160g}{16g/mol} = 10mol$이 되고, 메탄과 산소의 mol비가 1:2이므로 완전연소 시 산소는 20mol이 필요하다.
산소는 1mol당 분자량이 32g 이므로 20mol × 32g/mol = 640g 이 된다.

10 ③

특별재난지역의 선포는 재난의 복구단계에 해당한다.

11 ④

※ 르샤트리에의 공식

$$LFL = \dfrac{V_1 + V_2}{\dfrac{V_1}{L_1} + \dfrac{V_2}{L_2}}$$

LFL : 혼합가스의 연소하한계(%)

V_1, V_2 : 각 가연성 가스의 체적농도(%)

L_1, L_2 : 각 가연성 가스의 연소하한계(%)

$$LFL = \dfrac{45 + 40}{\dfrac{45}{3.0} + \dfrac{40}{2.0}} = \dfrac{85}{15 + 20} = \dfrac{85}{35} = 2.43[\%]$$

12 ③

발화점은 자동발화이고, 인화점과 연소점은 유도발화이므로 발화점과 인화점 또는 발화점과 연소점은 아무 관계가 없다.

13 ④

※ 긴급구조 현장지휘
① 재난현장에서는 시·군·구긴급구조통제단장이 긴급구조활동을 지휘한다. 다만, 치안활동과 관련된 사항은 관할 경찰서의 장과 협의하여야 한다.
② 제1항에 따른 현장지휘는 다음 각 호의 사항에 관하여 한다.

> 1. 재난현장에서 인명의 탐색·구조
> 2. 긴급구조기관 및 긴급구조지원기관의 인력·장비의 배치와 운용
> 3. 추가 재난의 방지를 위한 응급조치
> 4. 긴급구조지원기관 및 자원봉사자 등에 대한 임무의 부여
> 5. 사상자의 응급처치 및 의료기관으로의 이송
> 6. 긴급구조에 필요한 물자의 관리
> 7. 현장접근 통제, 현장 주변의 교통정리, 그 밖에 긴급구조활동을 효율적으로 하기 위하여 필요한 사항

③ 시·도긴급구조통제단장은 필요하다고 인정하면 제1항에도 불구하고 직접 현장지휘를 할 수 있다.
④ 중앙통제단장은 대통령령으로 정하는 대규모 재난이 발생하거나 그 밖에 필요하다고 인정하면 제1항 및 제3항에도 불구하고 직접 현장지휘를 할 수 있다.
⑤ 재난현장에서 긴급구조활동을 하는 긴급구조요원과 긴급구조지원기관의 인력·장비·물자에 대한 운용은 제1항·제3항 및 제4항에 따라 현장지휘를 하는 긴급구조통제단장(이하 "각급통제단장"이라 한다)의 지휘·통제에 따라야 한다.
⑥ 제16조제2항에 따른 지역대책본부장은 각급통제단장이 수행하는 긴급구조활동에 적극 협력하여야 한다.

14 ①

※ 역화의 원인
① 가스의 분출속도가 느려진 경우
② 가스의 공급량이 감소된 경우
③ 노즐이 뜨거워진 경우
④ 노즐 구멍이 막힌 경우 또는 분출구가 커진 경우

15 ④

※ 조선시대
① 금화제도가 정착되는 시기로 세종 8년(1426년) 금화법령을 제정하고 금화조직을 설치
② 세종 8년 2월(1426년 2월) 병조에 금화도감을 설치하였는데 이는 우리나라 최초의 소방관서

※ 일제 강점기(1910년 ~ 1945년)
① 경무부 소속의 상비소방수제도가 있었으며 일본의 민간소방 조직체를 모방한 국내 소방 기본조직인 소방조가 있었다.

② 1925년 종로에 우리나라 최초의 소방서인 경성소방서가 설치

※ 정부수립 이후 Ⅰ(1948년 ～ 1970년)
① 1958년 소방법에 제정, 공포

※ 광역자치소방행정체제의 시작 및 정착(1992년 ～ 현재)
① 2004년 6월 소방방재청을 설립하고 소방업무 및 민방위 재난·재해업무까지 관장

16 ③

※ 제1류 위험물(산화성 고체)의 일반적 성질
① 모두 무기화합물로서 대부분 무색 결정 또는 백색분말의 산화성 고체이다.
② 강산화성 물질이며 불연성 고체이다.
③ 가열, 충격, 마찰, 타격으로 분해하여 산소를 방출하여 가연물의 연소를 도와준다.
④ 비중은 1보다 크며 물에 녹는 것도 있다.
⑤ 가열, 충격, 마찰, 타격 등 약간의 분해반응이 개시된다.
⑥ 가열하여 용융된 진한 용액은 가연성 물질과 접촉 시 혼촉 발화의 위험이 있다.

※ 지정수량 및 품명

위험물			지정수량
유별	성질	품명	
제1류 위험물	산화성 고체	1. 아염소산염류	50킬로그램
		2. 염소산염류	50킬로그램
		3. 과염소산염류	50킬로그램
		4. 무기과산화물	50킬로그램
		5. 브로민산염류	300킬로그램
		6. 질산염류	300킬로그램
		7. 아이오딘산염류	300킬로그램
		8. 과망가니즈산염류	1,000킬로그램
		9. 다이크로뮴산염류	1,000킬로그램
		10. 그 밖에 행정안전부령으로 정하는 것 (㉮) 과아이오딘산염류 (㉯) 과아이오딘산, (㉰) 크로뮴, 납 또는 아이오딘의 산화물 (㉱) 아질산염류 (㉲) 차아염소산염류 (㉳) 염소화아이소사이아누르산 (㉴) 퍼옥소이황산염류 (㉵) 퍼옥소붕산염류) 11. 제1호 내지 제10호의 1에 해당하는 어느 하나 이상을 함유한 것	50킬로그램, 300킬로그램 또는 1,000킬로그램

17 ④

인화성, 가연성 물질의 취급 시에는 반드시 환기를 해야 한다.

18 ②

※ 소화원리
  ㉮ 할로겐화합물 소화약제
    ㉠ 부촉매소화   ㉡ 질식소화   ㉢ 냉각소화
  ㉯ 불활성기체 소화약제
    ㉠ 질식소화   ㉡ 냉각소화

19 ③

※ 연기
1) 연기의 정의
   가연물의 열분해 및 연소의 과정에서 발생하는 다양한 생성물과 그 주변에 잔존하는 기체, 액체, 고체 미립자들의 혼합물을 말한다. 연기는 수증기, 이산화탄소, 일산화탄소, 알데히드, 탄소입자 등이 포함되어 있으며, 불완전연소의 경우 완전연소에 비해 농연과 독성가스가 많이 발생된다.
2) 연기의 유동속도
   ① 수평방향 : 0.5 ~ 1 [m/sec]
   ② 수직방향 : 2 ~ 3 [m/sec]
   ③ 계단실내 : 3 ~ 5 [m/sec]
3) 연돌현상 (굴뚝현상, Stack Effect)
   건축물 내부와 외부의 온도차이로 공기가 유동하는 현상, 즉 건축물 내부의 온도가 외부보다 높으면 찬 공기는 하부로 유입되고 내부의 더운 공기는 굴뚝과 같은 통로를 따라 올라가는 현상을 말한다.
   영향인자로는 화재실의 온도, 건물의 높이, 건축물 내·외의 온도차, 외벽의 기밀도, 층간 공기누설 등과 관계가 있다.
4) 감광계수 – 감광계수와 가시거리는 반비례한다.

감광계수(Cs) [m-1]	가시거리 [m]	상 황
0.1	20 ~ 30	• 연기감지기가 작동할 정도의 농도 • 건물구조에 익숙하지 않은 사람이 피난에 지장을 받을 수 있는 농도
0.3	5	• 건물구조에 익숙한 사람이 피난에 지장을 받을 수 있는 농도
0.5	3	• 약간 어두운 정도(어두침침함 정도)의 농도
1.0	1 ~ 2	• 전방이 보이지 않을 정도의 농도
10	0.2 ~ 0.5	• 최성기 때의 연기농도 • 유도등이 보이지 않을 정도의 농도
30	–	• 출화실에서 연기가 분출될 때의 농도

20 ④

※ 소방공무원의 징계
1) 징계의 종류

징계 경중	징계 종류	신분배제 여부	징계 기간	징계 효력
중징계	파 면	배제징계 (신분박탈)	–	• 퇴직금의 1/2 감액 (재직기간 5년 미만 : 1/4 감액) • 5년간 공무원임용결격사유
	해 임		–	• 3년간 공무원임용결격사유
	강 등	교정징계 (신분유지)	3개월 정직포함	• 1계급 아래로 직급을 내림, 보수의 전액 삭감 • 승진제한(18개월), 9년 후 기록말소
	정 직		1~3 개월	• 보수의 전액 삭감, 수당지급제한 • 승진제한(18개월), 7년 후 기록말소
경징계	감 봉		1~3 개월	• 보수의 1/3 감액, 수당지급제한 • 승진제한(12개월), 5년 후 기록말소
	견 책		–	• 6개월간 승진·승급제한, 3년 후 기록말소

21 ③

※ 중성대 의의
건축물에서 화재가 발생하면 실내온도가 상승하여 부력에 의해 고온의 기체가 상부에 축적 되어 실내 상부의 압력은 실외의 압력보다 높아지고 하부의 압력은 실외의 압력보다 낮아진다. 따라서 실내의 상부와 하부 사이의 어느 지점에 실내의 압력과 실외의 압력이 같아지는 면이 생기는데 이를 중성대라고 한다. 그러므로 중성대의 위쪽은 기체가 외부로 유출(배기)되고, 중성대의 아래쪽은 내부로 유입(급기)된다.

22 ②

※ 억제소화(부촉매소화)
연소의 4요소 중 순조로운 연쇄반응을 억제하여 소화하는 방법을 말한다.
① 할론 소화약제를 이용하여 소화하는 방법
② 할로겐화합물 및 불활성기체를 이용하여 소화하는 방법
③ 분말 소화약제를 이용하여 소화하는 방법

23 ①

※ 제1류 위험물의 소화방법
① 제1류 위험물 : 물에 의한 냉각소화
② 알칼리금속의 과산화물 : 마른모래, 탄산수소염류 분말약제, 팽창질석, 팽창진주암에 의한 질식소화

24 ③

※ 물 소화약제의 첨가제
물소화약제의 침투능력·분산능력·유화능력 등을 증시키기 위하여 첨가하는 물질을 총칭하여 첨가제라 한다.
① 부동제(Antifreeze Agent) : 동결방지제, 부동액

㉠ 물의 빙점(0℃) 하에서 동파 및 물의 응고현상을 방지하기 위하여 물에 첨가하는 물질이다.
　　㉡ 부동제 종류 : 에틸렌글리콜, 프로필렌글리콜, 디에틸렌글리콜, 글리세린, 염화나트륨, 염화칼슘등이 사용되며, 동결방지제로 에틸렌글리콜을 가장 많이 사용되고 있다.
② 침투제(Wetting Agent)
　　㉠ 물에 계면활성제 계통의 물질을 첨가시켜 물이 가지고 있는 표면장력을 낮추어 침투성을 강화시킨 물질이다.
　　㉡ 유수(Wet Water) : 물의 표면장력을 감소시켜서 물의 침투성을 증가시키는 침투제(Wetting Agent)를 혼합시킨 수용액을 말한다.
③ 증점제(Viscosity Agent) : 가연물질에 한 물소화약제의 부착성(접착성)을 증가시키기 위 한 첨가 물질을 증점제라 한다. 이는 많은 열을 발생하는 화재, 즉 산림화재 등에 매우 효과 적이다.

25 ④

※ **분무폭발**
가연성 액체의 무적(mist)이 일정 농도이상으로 조연성 가스 중에 분산되어 있을 때 착화하여 발생한다.

소방학개론 최종모의고사 정답 및 해설

2025 진수 소방학개론 **최종모의고사**

01	02	03	04	05	06	07	08	09	10
④	①	③	③	②	③	②	③	①	④
11	12	13	14	15	16	17	18	19	20
③	②	④	④	②	③	②	③	②	①
21	22	23	24	25					
④	④	②	①	④					

01 ④

염소산염류와 알칼리금속의 과산화물, 질산염류는 산화성고체로 제1류 위험물이다. 산화성고체는 화재 시 산소공급원 역할을 하며 가연물과 혼합된 물질은 가열, 충격, 마찰에 의해 폭발의 우려가 있고 알칼리금속의 과산화물을 제외하고는 다량의 물로 소화한다.
그 자체가 가연성이며 폭발성을 지니고 있어 화약류 취급 시와 같이 주의를 요하는 것은 제5류 위험물(자기반응성 물질)이다.

02 ①

- 미군정 시대(1945년~1948년) : 해방 이후 미국 군사정부(미군정)의 신탁통치를 받았으며 소방을 경찰에서 분리하여 최초로 독립된 자치소방제도를 시행하다.
- 1992년 전국 시·도에 소방본부를 모두 설치하여 광역자치체제로 바뀌었다.
- 경력직 공무원 : 자격과 실적에 따라 임용되며, 신분의 보장 및 평생 동안 공무원으로 근무할 수 있는 공무원을 말한다.
  ① 일반직 공무원 : 기술·연구 또는 행정과 같은 일반 업무를 담당하며 직군·직렬로 구분되는 공무원
  ② 특정직 공무원 : 소방공무원, 검사, 외무공무원, 경찰공무원, 교육공무원, 군무원, 군인, 국가정보원의 직원 및 특수 분야의 업무를 담당하는 공무원으로서 담당업무가 특수해서 자격·신분보장·복무 등 특별법이 우선 적용되는 공무원
- 징계의 종류
  ① 경중에 따른 분류
    ㉠ 중징계 : 파면, 해임, 강등, 정직   ㉡ 경징계 : 감봉, 견책
  ② 신분관계에 따른 분류
    ㉠ 배제징계 : 파면, 해임   ㉡ 교정징계 : 강등, 정직, 감봉, 견책

03 ③

"긴급구조기관"이란 소방청·소방본부 및 소방서를 말한다. 다만, 해양에서 발생한 재난의 경우에는 해양경찰청·지방해양경찰청 및 해양경찰서를 말한다.

04 ③

※ 재난관리 4단계
① 재난 발생을 사전에 방지하기 위하여 매년 재난대비훈련 계획을 수립하고, 관계 기관과 합동으로 재난대비훈련을 실시한다. – 대비단계
② 재난을 효율적으로 관리하기 위하여 재난유형에 따라 위기관리 매뉴얼을 작성·운용한다. – 대비단계
③ 재난 피해지역을 재해 이전 상태로 회복시키기 위하여 피해상황을 조사하고, 자체복구계획을 수립·시행한다. – 복구단계
④ 재난의 수습활동을 효율적으로 하기 위하여 재난관리자원의 비축·관리 및 긴급통신수단을 마련한다. – 대비단계

05 ②

※ 황화수소(H_2S, 유화수소)
㉮ 황을 함유한 가연물의 불완전연소 시 발생하며 무색의 가스이다.
㉯ 달걀 썩는 냄새가 나고, 후각을 마비시킨다.
㉰ 독성허용농도는 10ppm이다.

06 ③

※ 폭발물질의 물리적 상태에 의한 분류
1) 기상폭발
① 가스폭발 : 수소, 일산화탄소, 메탄, 프로판 등의 가연성 기체와 공기와의 혼합기의 폭발
② 분무폭발 : 공기 중에 분출된 가연성 액체의 미세한 액적이 무상으로 되어 점화원에 의한 폭발
③ 분진폭발 : 가연성 고체 미분의 폭발
④ 분해폭발 : 분해성 가스와 같은 자기분해성 고체류는 분해하면서 폭발하며 이는 공기 중 산소 없이 단독으로 가스가 분해하여 폭발
⑤ 증기운폭발(VCE) : 기중에 량의 가연성 가스가 유출되거나 량의 가연성 액체가 유출 하여 발생하는 증기와 공기와의 혼합기의 폭발
2) 응상폭발(액상과 고상의 폭발)
① 수증기폭발 : 용융금속이나 고온물질이 물 속에 투입되었을 때에 물은 순간적으로 급격히 비등하므로 이로 인한 상태변화에 따른 폭발
② 전선폭발 : 금속선에 큰 전류가 흐르면 주울열에 의한 고온고압의 금속가스가 발생해 팽창 에 의해 충격파가 발생하는 폭발
③ 증기폭발 : 상이 액화가스일 경우 발생하는 폭발로서 물로부터 에너지를 공급받은 액화 가스의 폭발적인 비등현상으로 상변화에 따른 폭발(액상 → 기상)
3) 블레비(BLEVE)는 액화가스저장탱크 등에서 외부열원에 의해 과열되어 급격한 압력 상승의 원인으로 파열되는 현상이며, 폭발의 분류 중 물리적 폭발에 해당한다.

07 ②

「재난 및 안전관리 기본법」 제3조(정의) 이 법에서 사용하는 용어의 뜻은 다음과 같다.
1. "재난"이란 국민의 생명·신체·재산과 국가에 피해를 주거나 줄 수 있는 것으로서 다음 각 목의 것을 말한다.
가. 자연재난: 태풍, 홍수, 호우(豪雨), 강풍, 풍랑, 해일(海溢), 대설, 한파, 낙뢰, 가뭄, 폭염, 지진, 황사(黃砂), 조류(藻類) 대발생, 조수(潮水), 화산활동, 「우주개발 진흥법」에 따른 자연우주물체의 추락·충돌, 그 밖에 이

에 준하는 자연현상으로 인하여 발생하는 재해
나. 사회재난: 화재·붕괴·폭발·교통사고(항공사고 및 해상사고를 포함한다)·화생방사고·환경오염사고·다중운집인파사고 등으로 인하여 발생하는 대통령령으로 정하는 규모 이상의 피해와 국가핵심기반의 마비, 「감염병의 예방 및 관리에 관한 법률」에 따른 감염병 또는 「가축전염병예방법」에 따른 가축전염병의 확산, 「미세먼지 저감 및 관리에 관한 특별법」에 따른 미세먼지, 「우주개발 진흥법」에 따른 인공우주물체의 추락·충돌 등으로 인한 피해

08 ③

제3종 분말의 메타인산의 산소를 차단하는 방진작용 때문에 A급 화재에도 적응성을 가지고 있어서 A, B, C급에 적용이 가능하다.

09 ①

※ 인화점(Flash Point)
가연성 기체와 공기가 혼합된 상태에서 외부의 직접적인 점화원의 접촉에 의해 순간적으로 연소가 일어날 수 있는 최저온도를 인화점이라 한다. 특히 휘발성 물질의 경우 점화원을 접하여 발화될 수 있는 최저온도를 말하며 인화성 액체의 위험성을 나타내는 척도이다.

※ 연소범위(Flammability Limit, 연소한계, 폭발범위, 폭발한계)
가연성 가스와 공기가 혼합기체를 형성함에 있어 연소가 가능하게 만드는 가연성 가스의 농도범위를 연소범위(연소한계)라고 한다. 연소를 가능하게 만드는 농도의 가장 낮은 값을 연소하한계(Lower Flammability Limit, LFL)라 하며, 가장 높은 값을 연소상한계(Upper Flammability Limit, UFL)라 한다. 또한 연소하한계는 그 물질의 인화점에서의 값을 의미한다.

10 ④

※ 플래시 오버(Flash Over, F·O) 현상
(1) 정의
건축물 내에서 화재가 발생하면 실외 화재에 비해 열의 축적이 용이하다. 이로 인해 실내의 온도 상승으로 가연물의 열분해 또는 증발을 촉진하게 되어 어느 순간 실내 전체로 화염이 확대되는 현상을 말한다. 이는 굉장히 순간적인(폭발적인) 착화현상이다.
- 열의 공급에 의해 발생한다.(발생 시 실내의 온도가 800~900[℃]정도 상승)
- 순간적인 착화현상이다.
- 화재의 진행 단계 중 플래시 오버(F·O)는 성장기에서 발생한다.(최성기 직전)
- 충격파는 발생하지 않는다.
- 플래시 오버 발생 시간을 F·O·T 라고 하며 이는 피난허용시간을 의미한다.

(2) 플래시 오버 지연 대책
① 화원의 위치와 크기 : 화원의 크기가 소형일수록 지연된다.
② 내장재의 종류, 열전도율 및 불연화 순서
 - 종류 : 불연재료, 준불연재료
 - 열전도율이 큰 재료일수록 지연된다.
 - 불연화 순서 : 천장 → 벽 → 바닥 순으로 불연화 한다.
③ 개구율 : 개구율이 작을수록 산소 부족으로 연소가 원활하게 일어나지 않으므로 실내의 열축적이 적어 플

래시 오버가 지연될 수 있고, 개구율이 클수록 실내에 축적되는 열보다 외부로 유출되는 열이 많으므로 플래시 오버가 지연될 수 있다.

(3) 플래시 오버의 전후 화재양상
- 플래시 오버 전 : 산소가 충분한 상태의 연료지배형화재
- 플래시 오버 후 : 산소가 부족한 상태의 환기지배형화재

11 ③

"제3석유류"라 함은 중유, 클레오소트유 그 밖에 1기압에서 인화점이 섭씨 70도 이상 섭씨 200도 미만인 것을 말한다. 다만, 도료류 그 밖의 물품은 가연성 액체량이 40중량퍼센트 이하인 것은 제외한다.

12 ②

※ 훈소 – 가연물이 불꽃 없이 불기운이나 열기만으로 타 들어가는 연소현상)
※ 화재하중(Fire Load) – 화재하중이란 단위면적당 목재 환산 등가 가연물의 양을 말한다. 즉, 일정구역 안에 있는 가연물 전체 발열량을 목재의 단위질량당 발열량으로 나누면 목재의 양으로 환산된다. 이를 다시 그 구역의 바닥면적으로 나누면 단위면적당 가연물(목재)의 양이 되는데, 이를 화재하중이라 하고 주수시간을 결정하는 주요인이 된다.
※ 화재강도(Fire Intensity) – 화재실의 단위 시간당 축적되는 열의 양
※ 화재가혹(Fire Severity) – 화재 시 최고온도(화재강도)와 지속시간은 화재의 피해정도를 판단하는 중요한 요소가 된다. 화재가혹도는 최고온도 × 지속시간으로 표현되며 화재로 인한 피해의 정도를 판단할 수 있는 척도가 된다.

13 ④

※ 제1류 위험물(산화성 고체)의 일반적인 성질
① 모두 무기화합물로서 대부분 무색 결정 또는 백색분말의 산화성 고체이다.
② 강산화성 물질이며 불연성 고체이다.
③ 가열, 충격, 마찰, 타격으로 분해하여 산소를 방출하여 가연물의 연소를 도와준다.
④ 비중은 1보다 크며 물에 녹는 것도 있다.
⑤ 가열, 충격, 마찰, 타격 등 약간의 분해반응이 개시된다.
⑥ 가열하여 용융된 진한 용액은 가연성 물질과 접촉 시 혼촉 발화의 위험이 있다.

※ 제2류 위험물(가연성 고체)의 일반적인 성질
① 가연성 고체로서 비교적 낮은 온도에서 착화하기 쉬운 이연성, 속연성 물질이다.
② 비중은 1보다 크고, 물에 불용성이며, 산소를 함유하지 않기 때문에 강력한 환원성 물질이다.
③ 산소와 결합이 용이하여 산화되기 쉽고 연소속도가 빠르다.
④ 연소시 연소열이 크고 연소온도가 높다.

※ 제4류 위험물(인화성 액체)의 일반적인 성질
① 대단히 인화하기 쉽다.
② 물보다 가볍고 물에 녹지 않는다.
③ 증기비중은 공기보다 무겁기 때문에 낮은 곳에 체류하여 연소, 폭발의 위험이 있다.

④ 연소범위의 하한이 낮기 때문에 공기 중 소량 누설되어도 연소한다.
⑤ 전기부도체이므로 정전기 발생에 주의한다.

14 ④

※ 위험물 성상
- 제1류 위험물 : (강)산화성 고체
- 제2류 위험물 : 가연성 고체(강환원성)
- 제3류 위험물 : 자연발화성 및 금수성
- 제4류 위험물 : 인화성 액체
- 제5류 위험물 : 자기반응성(연소성)
- 제6류 위험물 : 강산화성 액체

15 ②

※ 위험물의 소화대책
- 황화인 : 제2류 위험물(질식소화)
- 질산에스터류 : 제5류 위험물(냉각소화)
- 유기금속화합물 : 제3류 위험물(질식소화)
- 알칼리금속의 과산화물 : 제1류 위험물(질식소화)

16 ③

※ 물 소화약제의 첨가제
　물소화약제의 침투능력·분산능력·유화능력 등을 증시키기 위하여 첨가하는 물질을 총칭하여 첨가제라 한다.
① 부동제(Antifreeze Agent) : 동결방지제, 부동액
　㉠ 물의 빙점(0℃) 하에서 동파 및 물의 응고현상을 방지하기 위하여 물에 첨가하는 물질이다.
　㉡ 부동제 종류 : 에틸렌글리콜, 프로필렌글리콜, 디에틸렌글리콜, 글리세린, 염화나트륨, 염화칼슘등이 사용되며, 동결방지제로 에틸렌글리콜을 가장 많이 사용되고 있다.
② 침투제(Wetting Agent)
　㉠ 물에 계면활성제 계통의 물질을 첨가시켜 물이 가지고 있는 표면장력을 낮추어 침투성 을 강화시킨 물질이다.
　㉡ 유수(Wet Water) : 물의 표면장력을 감소시켜서 물의 침투성을 증가시키는 침투제 (Wetting Agent)를 혼합시킨 수용액을 말한다.
③ 증점제(Viscosity Agent) : 가연물질에 한 물소화약제의 부착성(접착성)을 증가시키기 위 한 첨가 물질을 증점제라 한다. 이는 많은 열을 발생하는 화재, 즉 산림화재 등에 매우 효과 적이다.

17 ②

※ 라인프로포셔너방식(관로혼합방식)
　펌프의 토출측 배관에 설치된 벤추리관의 벤추리작용에 의하여 포소화약제를 혼합하는 방식이다.

18 ③

　가압송수장치에는 체절운전 시 수온의 상승을 방지하기 위한 순환배관을 설치하여야 한다.

19 ②

※ **공동현상(Cavitation)**
펌프의 흡입 측 배관 내의 수온상승으로 물이 증발하여 증기가 발생되어 물이 펌프로 흡입되지 않는 현상을 말한다.

① 공동현상(Cavitation)의 발생원인
 ㉮ 펌프의 흡입 측 관경이 적을 때
 ㉯ 펌프의 흡입 측 마찰손실이 클 때
 ㉰ 펌프의 회전속도가 클 때(임펠러속도가 클 때)
 ㉱ 펌프의 흡입 측 수두가 클 때
 ㉲ 펌프의 설치위치가 수원보다 높을 때
 ㉳ 유체(물)가 고온일 때
 ㉴ 펌프의 흡입압력이 유체(물)의 증기압보다 낮을 때

② 공동현상(Cavitation)의 방지대책
 ㉮ 펌프의 흡입 측 관경이 확대한다.
 ㉯ 펌프의 흡입 측 마찰손실을 적게 한다.
 ㉰ 펌프의 회전속도를 적게 한다.(임펠러속도를 적게 한다.)
 ㉱ 펌프의 흡입 측 수두를 적게 한다.
 ㉲ 펌프의 설치위치를 수원보다 낮게 한다.
 ㉳ 유체(물)의 온도를 낮춘다.
 ㉴ 펌프의 흡입압력을 유체(물)의 증기압보다 높게 한다.

20 ①

소방시설(제3조 관련)

1. 소화설비: 물 또는 그 밖의 소화약제를 사용하여 소화하는 기계·기구 또는 설비로서 다음 각 목의 것
 가. 소화기구
   1) 소화기
   2) 간이소화용구: 에어로졸식 소화용구, 투척용 소화용구 및 소화약제 외의 것을 이용한 간이소화용구
   3) 자동확산소화기
 나. 자동소화장치
   1) 주거용 주방자동소화장치
   2) 상업용 주방자동소화장치
   3) 캐비닛형 자동소화장치
   4) 가스자동소화장치
   5) 분말자동소화장치
   6) 고체에어로졸자동소화장치
 다. 옥내소화전설비(호스릴옥내소화전설비를 포함한다)
 라. 스프링클러설비등
   1) 스프링클러설비

2) 간이스프링클러설비(캐비닛형 간이스프링클러설비를 포함한다)
3) 화재조기진압용 스프링클러설비
마. 물분무등소화설비
1) 물 분무 소화설비
2) 미분무소화설비
3) 포소화설비
4) 이산화탄소소화설비
5) 할론소화설비
6) 할로겐화합물 및 불활성기체 소화설비
7) 분말소화설비
8) 강화액소화설비
9) 고체에어로졸소화설비
바. 옥외소화전설비

2. 경보설비: 화재발생 사실을 통보하는 기계·기구 또는 설비로서 다음 각 목의 것
가. 단독경보형 감지기
나. 비상경보설비
1) 비상벨설비
2) 자동식사이렌설비
다. 자동화재탐지설비
라. 시각경보기
마. 화재알림설비
바. 비상방송설비
사. 자동화재속보설비
아. 통합감시시설
자. 누전경보기
차. 가스누설경보기

3. 피난구조설비: 화재가 발생할 경우 피난하기 위하여 사용하는 기구 또는 설비로서 다음 각 목의 것
가. 피난기구
1) 피난사다리
2) 구조대
3) 완강기
4) 그 밖에 법 제9조제1항에 따라 소방청장이 정하여 고시하는 화재안전기준(이하 "화재안전기준"이라 한다)으로 정하는 것
나. 인명구조기구
1) 방열복, 방화복(안전헬멧, 보호장갑 및 안전화를 포함한다)
2) 공기호흡기
3) 인공소생기

다. 유도등
　　1) 피난유도선
　　2) 피난구유도등
　　3) 통로유도등
　　4) 객석유도등
　　5) 유도표지
라. 비상조명등 및 휴대용비상조명등

4. 소화용수설비: 화재를 진압하는 데 필요한 물을 공급하거나 저장하는 설비로서 다음 각 목의 것
　가. 상수도소화용수설비
　나. 소화수조·저수조, 그 밖의 소화용수설비

5. 소화활동설비: 화재를 진압하거나 인명구조활동을 위하여 사용하는 설비로서 다음 각 목의 것
　가. 제연설비
　나. 연결송수관설비
　다. 연결살수설비
　라. 비상콘센트설비
　마. 무선통신보조설비
　바. 연소방지설비

21　④

※ 피난계획의 기본원칙
① 피난수단은 원시적인 방법으로 한다.
② 피난통로는 2방향 이상으로 한다.
③ 피난설비는 고정적인 시설로 한다.
④ 피난계단 및 특별피난계단 등은 가급적 분산 배치한다.
⑤ 피난통로의 종단에는 충분한 안전공간을 확보한다.
⑥ 피난경로는 간단명료해야 한다.
⑦ 인간의 피난특성을 고려한다.
⑧ Fool-Proof원칙과 Fail-Safe의 원칙에 따른다.

> ※ 참고
> - Fool-Proof 원칙 : 피난설비는 원시적이고 간단명료하게 설치하고, 피난대책은 누구나 알기 쉬운 방법을 선택하라는 원칙을 말한다. 즉, 문자보다는 색과 형태를 이용하라는 의미이다.
> - Fail-Safe 원칙 : 피난 시 하나의 수단이 고장 등으로 사용이 불가능하다 하더라도 다른 수단과 방법을 이용하여 피난할 수 있도록 하라는 원칙을 말한다. 명백한 2방향 이상의 피난통로를 확보하는 피난대책이 이에 속한다.

22 ④

휘발유의 비중은 물보다 낮아 주수소화 시 물위로 뜬다. 따라서, 봉상주수나 적상주수에 의한 소화효과는 없다. 단, 물분무에 의한 소화효과는 있다.

23 ②

※ **자연발화의 형태와 물질**
① 산화열에 의한 자연발화 (산화반응에 의한 발열 → 축적 → 발화)
　물질 : 유지류[건성유(들기름, 아마인유, 해바라기유 등), 반건성유(참기름, 콩기름 등)], 석탄분, 원면, 고무조각, 금속분류, 기름걸레 등
② 분해열에 의한 자연발화 (자연분해 시 발열 → 축적 → 발화)
　물질 : 셀룰로이드, 니트로셀룰로오스(질화면), 니트로글리세린, 산화에틸렌 등
③ 흡착열에 의한 자연발화 (주위의 기체를 흡착 시 발열 → 축적 → 발화)
　물질 : 활성탄, 목탄분말, 유연탄 등
④ 발효열에 의한 자연발화 (미생물의 발효열 → 축적 → 발화)
　물질 : 퇴비, 먼지 등
⑤ 중합열에 의한 자연발화 (중합 반응열 → 축적 → 발화)
　물질 : 액화시안화수소, 산화에틸렌 등

24 ①

그래프는 표준화재 시간–온도곡선이다. a는 목조건물의 고온단기형이고, d는 내화구조 건물의 저온장기형이다.

25 ④

※ **포소화약제의 구비조건**
① 내열성이 좋을 것
② 포를 장기보관하기 위해서는 부패 및 변질이 없을 것
③ 유동성이 좋아야 한다.
④ 팽창비가 클 것
⑤ 소포성이 적어야 한다.
⑥ 내유성이 강할 것
⑦ 부착성이 강할 것
⑧ 포의 안정성이 좋아야 한다.

제8회 소방학개론 최종모의고사 정답 및 해설

2025 진수 소방학개론 최종모의고사

01	02	03	04	05	06	07	08	09	10
③	①	③	④	②	②	③	③	②	④
11	12	13	14	15	16	17	18	19	20
③	③	②	④	①	②	②	②	①	④
21	22	23	24	25					
②	①	③	③	④					

01 ③

※ 위험물 운반 시 혼재가능 여부

구 분	제1류	제2류	제3류	제4류	제5류	제6류
제1류		×	×	×	×	○
제2류	×		×	○	○	×
제3류	×	×		○	×	×
제4류	×	○	○		○	×
제5류	×	○	×	○		×
제6류	○	×	×	×	×	

1. "×" 표시는 혼재할 수 없음을 표시한다.
2. "○" 표시는 혼재할 수 있음을 표시한다.
3. 이 표는 지정수량의 $\frac{1}{10}$ 이하의 위험물에 대하여는 적용하지 아니한다.

02 ①

재난 및 안전관리 기본법 제9조 (중앙안전관리위원회)
① 재난 및 안전관리에 관한 다음 각 호의 사항을 심의하기 위하여 국무총리 소속으로 중앙안전관리위원회(이하 "중앙위원회"라 한다)를 둔다.
  1. 재난 및 안전관리에 관한 중요 정책에 관한 사항
  2. 제22조에 따른 국가안전관리기본계획에 관한 사항
  2의2. 제10조의2에 따른 재난 및 안전관리 사업 관련 중기사업계획서, 투자우선순위 의견및 예산요구서에 관한 사항
  3. 중앙행정기관의 장이 수립·시행하는 계획, 점검·검사, 교육·훈련, 평가 등 재난 및 안전관리업무의 조정에 관한 사항
  3의2. 안전기준관리에 관한 사항
  4. 제36조에 따른 재난사태의 선포에 관한 사항
  5. 제60조에 따른 특별재난지역의 선포에 관한 사항
  6. 재난이나 그 밖의 각종 사고가 발생하거나 발생할 우려가 있는 경우 이를 수습하기 위한 관계 기관 간 협력에 관한 중요 사항

6의2. 재난안전의무보험의 관리·운용 등에 관한 사항
  7. 중앙행정기관의 장이 시행하는 대통령령으로 정하는 재난 및 사고의 예방사업 추진에 관한 사항
  8. 그 밖에 위원장이 회의에 부치는 사항
② 중앙위원회의 위원장은 국무총리가 되고, 위원은 대통령령으로 정하는 중앙행정기관 또는 관계 기관·단체의 장이 된다.
③ 중앙위원회의 위원장은 중앙위원회를 대표하며, 중앙위원회의 업무를 총괄한다.
④ 중앙위원회에 간사 1명을 두며, 간사는 행정안전부장관이 된다.
⑤ 중앙위원회의 위원장이 사고 또는 부득이한 사유로 직무를 수행할 수 없을 때에는 행정안전부장관, 대통령령으로 정하는 중앙행정기관의 장 순으로 위원장의 직무를 대행한다.
⑥ 제5항에 따라 행정안전부장관 등이 중앙위원회 위원장의 직무를 대행할 때에는 행정안전부의 재난안전관리사무를 담당하는 본부장이 중앙위원회 간사의 직무를 대행한다.
⑦ 중앙위원회는 제1항 각 호의 사무가 국가안전보장과 관련된 경우에는 국가안전보장회의와 협의하여야 한다.
⑧ 중앙위원회의 위원장은 그 소관 사무에 관하여 재난관리책임기관의 장이나 관계인에게 자료의 제출, 의견 진술, 그 밖에 필요한 사항에 대하여 협조를 요청할 수 있다. 이 경우 요청을 받은 사람은 특별한 사유가 없으면 요청에 따라야 한다.
⑨ 중앙위원회의 구성과 운영 등에 필요한 사항은 대통령령으로 정한다.

03 ③

「소방공무원법」제6조 (임용권자)
① 소방령 이상의 소방공무원은 소방청장의 제청으로 국무총리를 거쳐 대통령이 임용한다. 다만, 소방총감은 대통령이 임명하고, 소방령 이상 소방준감 이하의 소방공무원에 대한 전보, 휴직, 직위해제, 강등, 정직 및 복직은 소방청장이 한다.
② 소방경 이하의 소방공무원은 소방청장이 임용한다.

04 ④

「재난 및 안전관리 기본법」제37조 (응급조치)
① 제50조제2항에 따른 시·도긴급구조통제단 및 시·군·구긴급구조통제단의 단장(이하 "지역통제단장"이라 한다)과 시장·군수·구청장은 재난이 발생할 우려가 있거나 재난이 발생하였을 때에는 즉시 관계 법령이나 재난대응활동계획 및 위기관리 매뉴얼에서 정하는 바에 따라 수방(水防)·진화·구조 및 구난(救難), 그 밖에 재난 발생을 예방하거나 피해를 줄이기 위하여 필요한 다음 각 호의 응급조치를 하여야 한다. 다만, 지역통제단장의 경우에는 제2호 중 진화에 관한 응급조치와 제4호 및 제6호의 응급조치만 하여야 한다.
  1. 경보의 발령 또는 전달이나 피난의 권고 또는 지시
  1의2. 제31조에 따른 안전조치
  2. 진화·수방·지진방재, 그 밖의 응급조치와 구호
  3. 피해시설의 응급복구 및 방역과 방범, 그 밖의 질서 유지
  4. 긴급수송 및 구조 수단의 확보
  5. 급수 수단의 확보, 긴급피난처 및 구호품 등 재난관리자원의 확보
  6. 현장지휘통신체계의 확보
  7. 그 밖에 재난 발생을 예방하거나 줄이기 위하여 필요한 사항으로서 대통령령으로 정하는 사항

05 ②

「재난 및 안전관리 기본법」 제52조 (긴급구조 현장지휘)
① 재난현장에서는 시·군·구긴급구조통제단장이 긴급구조활동을 지휘한다. 다만, 치안활동과 관련된 사항은 관할 경찰서의 장과 협의하여야 한다.
② 제1항에 따른 현장지휘는 다음 각 호의 사항에 관하여 한다.
　1. 재난현장에서 인명의 탐색·구조
　2. 긴급구조기관 및 긴급구조지원기관의 긴급구조요원·긴급구조지원요원 및 재난관리자원의 배치와 운용
　3. 추가 재난의 방지를 위한 응급조치
　4. 긴급구조지원기관 및 자원봉사자 등에 대한 임무의 부여
　5. 사상자의 응급처치 및 의료기관으로의 이송
　6. 긴급구조에 필요한 재난관리자원의 관리
　7. 현장접근 통제, 현장 주변의 교통정리, 그 밖에 긴급구조활동을 효율적으로 하기 위하여 필요한 사항

06 ②

※ 전기적 에너지(Electrical Heat Energy)
① 저항열(Resistance Heation) – 도체에 전류가 흐를 때 도체 물질의 전기저항으로 인하여 전기에너지가 열에너지로 전환되면서 발생되는 열을 말한다. (예 – 백열전구의 발열)
② 유도열(Induction Heation) – 도체 주위에 변화하는 자장이 존재하면 전위차를 발생하고 이 전위차로 인하여 전류의 흐름이 일어난다. 이 전류에 대한 저항으로 발열이 일어나지만 발열의 원인이 자장의 변화에 의한 것이므로 유도가열로 구분한다.
③ 유전열(Dielectric Heation) – 전기절연물이라 할지라도 실제로는 완전한 절연능력을 갖지 못하므로 절연 불량으로 인하여 미약한 전류가 흐르는데 이러한 누설전류에 의한 발열을 말한다.
④ 아크열(Heat from Arcing) – 보통 전류가 흐르는 회로나 개폐기 등의 우발적인 접촉 혹은 접점이 느슨해져 전류가 끊길 때 발생하는 열이다. 아아크의 온도는 매우 높기 때문에 방출되는 열이 가연성 또는 인화성 물질을 점화시킬 수 있다.
⑤ 정전기열(Static Electricity Heation) – 일명 마찰전기라고도 하며 두 물질이 접촉되었다가 떨어질 때 그 물질 표면에 축적된 전하가 양(+)이고 다른 물질의 표면이 음(−)으로 대전될 때 발생된다.
⑥ 낙뢰에 의한 발열(Heat Generated by Lightning) – 번개가 나무나 들과 같은 저항이 큰 물질에 부딪치게 되면 열이 발생된다.

07 ③

「재난 및 안전관리 기본법 시행령」 제65조 (긴급구조지휘대 구성·운영)
① 법 제55조제2항에 따른 긴급구조지휘대는 다음 각 호의 사람으로 구성하여야 한다.
　1. 현장지휘요원
　2. 자원지원요원
　3. 통신지원요원
　4. 안전관리요원
　5. 상황조사요원
　6. 구급지휘요원

08 ③

※ 증기운 폭발(Vapor Cloud Explosion, VCE)
대기 중으로 대량의 가연성 기체 또는 액체가 유출되어 그로부터 발생한 가연성 증기가 공기와 혼합하여 구름과 같은 가연성 혼합기체를 형성한 후 점화원에 의하여 발생한 폭발을 증기운 폭발이라 한다. (Vapor Cloud Explosion)이라고 하며 줄여서 VCE 라고 한다.

09 ②

※ 우리나라 소방의 역사
- 세종 8년 2월(1426년 2월) 병조에 금화도감을 설치하였는데 이는 우리나라 최초의 소방관서이다.
- 1895년 경무청 처무세칙에서 "수화(水火), 소방(消防)은 난파선 및 출화(出火), 홍수(洪水) 등에 관계하는 구호에 관한 사항"으로 업무성격을 규정하였는데 여기에서 처음으로 소방이라는 용어를 사용하게 되었다.
- 1925년 종로에 우리나라 최초의 소방서인 경성 소방서가 설치되었다
- 1972년 서울과 부산에 첫 소방본부가 설치되어 자치소방체제를 유지하였으며, 기타 나머지 시·도는 정부수립시기와 같은 국가소방체제를 유지하는 이원적 소방행정체제가 시행되었다.
- 2020년 4월 국가소방공무원과 지방소방공무원으로 구분되어 있던 소방공무원의 계급체계를 일원화하고, 소방공무원의 계급을 종전의 국가소방공무원의 계급과 동일하게 소방총감, 소방정감, 소방감 등으로 구분하였다.

10 ④

위험물은 그 운반용기의 외부에 다음 각 목에 정하는 바에 따라 위험물의 품명, 수량 등을 표시하여 적재하여야 한다. 다만, UN의 위험물 운송에 관한 권고(RTDG, Recommendations on the Transport of Dangerous Goods)에서 정한 기준 또는 소방청장이 정하여 고시하는 기준에 적합한 표시를 한 경우에는 그러하지 아니하다.
① 위험물의 품명·위험등급·화학명 및 수용성("수용성" 표시는 제4류 위험물로서 수용성인 것에 한한다)
② 위험물의 수량
③ 수납하는 위험물에 따라 다음의 규정에 의한 주의사항

- 제1류 위험물
  - 알칼리금속의 과산화물 : 화기·충격주의, 물기엄금, 가연물접촉주의
  - 그 밖의 것 : 화기·충격주의, 가연물접촉주의
- 제2류 위험물
  - 철분·금속분·마그네슘 : 화기주의, 물기엄금
  - 인화성 고체 : 화기엄금
  - 그 밖의 것 : 화기주의
- 제3류 위험물
  - 자연발화성 물질 : 화기엄금, 공기접촉엄금
  - 금수성 물질 : 물기엄금
- 제4류 위험물 : 화기엄금
- 제5류 위험물 : 화기엄금, 충격주의
- 제6류 위험물 : 가연물접촉주의

11 ③

「재난 및 안전관리 기본법」 제60조 (특별재난지역의 선포)
① 중앙대책본부장은 대통령령으로 정하는 규모의 재난이 발생하여 국가의 안녕 및 사회질서의 유지에 중대한 영향을 미치거나 피해를 효과적으로 수습하기 위하여 특별한 조치가 필요하다고 인정하거나 제3항에 따른 지역대책본부장의 요청이 타당하다고 인정하는 경우에는 중앙위원회의 심의를 거쳐 해당 지역을 특별재난지역으로 선포할 것을 대통령에게 건의할 수 있다.

12 ③

※ 소방행정권의 한계

「소방기본법」 제1조 목적에서 말하는 바와 같이 국민의 생명과 신체 및 재산을 보호함으로써 공공의 안녕 및 질서유지와 복리증진에 이바지 하여야 할 의무가 있다. 그러기 위해서 소방행정권을 무한정 행사할 수 있지는 않다. 그러므로 소방행정권을 사용함에 있어 어느 정도 한계를 가지고 있다는 것을 알 수 있다. 이러한 것을 소방행정권의 한계라고 한다. 소방행정권의 한계는 다음과 같은 원칙이 있다.

(1) 소극목적의 원칙
   사회의 질서유지에 방해가 되는 요소만을 제거하기 위해 소극적인 목적으로만 소방행정권을 행사해야 한다는 원칙을 말한다.
(2) 공공의 원칙
   개인의 사생활에는 관여하지 않고, 공공의 이익을 위해서만 소방행정권이 행사되어야 한다는 원칙을 말한다. (사생활의 불가침원칙, 사주거의 불가침원칙, 민사법률의 불간섭원칙, 소방책임의 원칙 등)
(3) 비례의 원칙
   소방행정권은 직위나 신분, 재산에 의하여 다르게 적용되는 게 아니라 모든 사람에게 균등하게 행사되어야 한다는 원칙을 말한다.

13 ②

※ 중성대 활용

화재 시 중성대의 형성위치를 파악하는 것은 소방 활동에 대단히 중요하다. 특히 배연을 할 경우에는 중성대 위쪽으로 해야 효과적이다.

예를 들어 밀폐된 실내에서 화재가 발생하면 공기의 유입이 없으므로 연소 확대는 없지만 실내의 하부에 개구부가 생기면 신선한 공기의 유입으로 연소의 확대와 동시에 발연량의 증가로 연기층은 실내의 하부로 급속히 확대되면서 중성대는 아래로 내려오게 된다.

반대로 실내의 상부에 개구부가 생기면 마찬가지로 연소는 확대 되지만 그 때 발생한 연기는 상승하여 상부의 개구부를 통해 빠르게 실외로 유출되므로 중성대는 위로 올라가게 되어 중성대 아래쪽의 공간이 커지게 된다.

그럼 대원과 대피자의 활동 공간과 시야의 확보가 용이하여 신속히 대피할 수 있다. 따라서 배연은 중성대의 위쪽으로 행해야 한다.

14 ④

※ 피난방향 및 피난경로의 유형

구 분	피난방향의 종류	피난로의 방향	
X형	↔↕		확실한 피난로가 보장된다.
Y형	Y자형		
T형	↓↔		방향이 확실하여 분간하기 쉽다.
I형	↔		
Z형	Z자형		중앙복도형에서 core 식 중 양호하다.
ZZ형	ZZ자형		
H형	H자형		중앙 코어 식으로 피난자들의 집중으로 패닉(panic)현상이 일어날 우려가 있다.
CO형	→□←		

15 ①

소화활동설비 - 화재를 진압하거나 인명구조를 위해 사용하는 설비
① 제연설비　　　② 연결송수관설비　　　③ 연결살수설비
④ 비상콘센트　　⑤ 무선통신보조설비　　⑥ 연소방지설비

16 ②

열전도율이 작아야 지속적으로 연소할 수 있는 열에너지를 유지할 수 있다.

17 ②

자연발화에 영향을 미치는 열원은 산화열, 흡착열, 분해열, 발효열, 중합열로 구분한다.

18 ②
과산화수소는 그 농도가 36 중량% 이상인 것을 말한다.

19 ①
※ 인화점, 연소점, 발화점
- 발화점(착화점, Ignition Point) – 외부의 직접적인 점화원 없이 연소가 일어나기 시작할 때의 최저온도를 발화점 또는 착화점 이라한다. 즉, 공기 중에서 가연물을 가열할 경우 가열된 열만을 가지고 스스로 연소가 시작되는 최저온도를 말하며, 화재 시 발생하는 복사열로 인해 인접 가연물에 발화가 되는 경우나 화재 진압 후에도 계속해서 주수를 하는 이유도 바로 주위온도를 발화점 이하로 낮추어 가연물의 재 발화를 방지하기 위함이다.
- 인화점(Flash Point) – 가연성 기체와 공기가 혼합된 상태에서 외부의 직접적인 점화원에 의해 순간적으로 연소가 일어날 수 있는 최저온도를 인화점이라 한다. 특히 휘발성 물질의 경우 점화원을 접하여 발화될 수 있는 최저온도를 말하며 인화성 액체의 위험성을 나타내는 척도이다.
- 연소점(Fire Point) – 인화점 이후 점화원을 제거한 후에도 지속적으로 연소상태를 유지시킬 수 있는 최저온도를 연소점이라 한다. 특히 고체가연물의 경우 인화점에 도달 하여도 점화원을 제거하면 연소상태가 그칠 수 있다. 하지만 인화점보다 약간 높은 온도에서는 연소상태를 유지할 수 있다. 이는 인화점보다는 약 10℃정도 높은 온도이며 5~10초 이상 연소를 지속할 수 있는 상타 이다.
- 인화점, 연소점, 발화점은 모두 위험성과는 반비례 관계이다.

20 ④
※ 분말 입자의 크기와 소화능력
분말은 미세할수록 표면적이 커져서 화염과 접촉면이 커지고 반응속도도 빨라지므로 소화능력이 향상된다. 하지만 너무 미세할수록 방사거리는 짧아지므로 화원으로 침투가 곤란하게 된다. 따라서 너무 미세하거나 너무 클수록 소화능력은 떨어진다. 적당한 크기는 20~25㎛이다.

21 ②
※ 억제소화(부촉매소화)
연소의 4요소 중 순조로운 연쇄반응을 억제하여 소화하는 방법을 말한다.
① 할론 소화약제를 이용하여 소화하는 방법
② 할로겐화합물 및 불활성기체를 이용하여 소화하는 방법
③ 분말 소화약제를 이용하여 소화하는 방법

22 ①
※ 제1류 위험물의 소화방법
① 제1류 위험물 : 물에 의한 냉각소화
② 알칼리금속의 과산화물 : 마른모래, 탄산수소염류 분말약제, 팽창질석, 팽창진주암에 의한 질식소화

23 ③

※ 물 소화약제의 첨가제
　　물소화약제의 침투능력·분산능력·유화능력 등을 증시키기 위하여 첨가하는 물질을 총칭하여 첨가제라 한다.
① 부동제(Antifreeze Agent) : 동결방지제, 부동액
　　㉠ 물의 빙점(0℃) 하에서 동파 및 물의 응고현상을 방지하기 위하여 물에 첨가하는 물질이다.
　　㉡ 부동제 종류 : 에틸렌글리콜, 프로필렌글리콜, 디에틸렌글리콜, 글리세린, 염화나트륨, 염화칼슘등이 사용되며, 동결방지제로 에틸렌글리콜을 가장 많이 사용되고 있다.
② 침투제(Wetting Agent)
　　㉠ 물에 계면활성제 계통의 물질을 첨가시켜 물이 가지고 있는 표면장력을 낮추어 침투성을 강화시킨 물질이다.
　　㉡ 유수(Wet Water) : 물의 표면장력을 감소시켜서 물의 침투성을 증가시키는 침투제(Wetting Agent)를 혼합시킨 수용액을 말한다.
③ 증점제(Viscosity Agent) : 가연물질에 한 물소화약제의 부착성(접착성)을 증가시키기 위한 첨가 물질을 증점제라 한다. 이는 많은 열을 발생하는 화재, 즉 산림화재 등에 매우 효과적이다.

24 ③

특별재난지역의 선포는 재난의 복구단계에 해당한다.

25 ④

※ 연소범위에 따른 위험도(H)

가연성 물질	연소범위(V%)		위험도(H) $\dfrac{U-L}{L}$
	하한계(L)	상한계(U)	
메탄	5	15	2
에탄	3	12.4	3.1
프로판	2.1	9.5	3.5
부탄	1.8	8.4	3.7

제9회 소방학개론 최종모의고사 정답 및 해설

2025 진수 소방학개론 최종모의고사

01	02	03	04	05	06	07	08	09	10
③	②	③	④	②	②	③	④	④	④
11	12	13	14	15	16	17	18	19	20
①	②	④	②	③	①	③	③	④	③
21	22	23	24	25					
①	①	③	②	④					

01 ③

「재난 및 안전관리 기본법 시행령」 제10조 (실무위원회의 구성·운영 등)
① 법 제10조제4항에 따른 실무위원회(이하 "실무위원회"라 한다)는 위원장 1명을 포함하여 50명 내외의 위원으로 구성한다.
② 실무위원회는 다음 각 호의 사항을 심의한다.
　1. 재난 및 안전관리를 위하여 관계 중앙행정기관의 장이 수립하는 대책에 관하여 협의·조정이 필요한 사항
　2. 재난 발생 시 관계 중앙행정기관의 장이 수행하는 재난의 수습에 관하여 협의·조정이 필요한 사항
　3. 그 밖에 실무위원회의 위원장(이하 "실무위원장"이라 한다)이 회의에 부치는 사항
③ 실무위원장은 행정안전부의 재난안전관리사무를 담당하는 본부장이 된다.

02 ②

「재난 및 안전관리 기본법」 제30조 (재난예방을 위한 긴급안전점검 등)
① 행정안전부장관 또는 재난관리책임기관(행정기관만을 말한다. 이하 이 조에서 같다)의 장은 대통령령으로 정하는 시설 및 지역에 재난이 발생할 우려가 있는 등 대통령령으로 정하는 긴급한 사유가 있으면 소속 공무원으로 하여금 긴급안전점검을 하게 하고, 행정안전부장관은 다른 재난관리책임기관의 장에게 긴급안전점검을 하도록 요구할 수 있다. 이 경우 요구를 받은 재난관리책임기관의 장은 특별한 사유가 없으면 요구에 따라야 한다.

03 ③

"소방대"(消防隊)란 화재를 진압하고 화재, 재난·재해, 그 밖의 위급한 상황에서 구조·구급 활동 등을 하기 위하여 다음 각 목의 사람으로 구성된 조직체를 말한다.
가. 「소방공무원법」에 따른 소방공무원
나. 「의무소방대설치법」 제3조에 따라 임용된 의무소방원(義務消防員)
다. 「의용소방대 설치 및 운영에 관한 법률」에 따른 의용소방대원(義勇消防隊員)

04 ④

「재난 및 안전관리 기본법」 제9조 (중앙안전관리위원회)
① 재난 및 안전관리에 관한 다음 각 호의 사항을 심의하기 위하여 국무총리 소속으로 중앙안전관리위원회(이하 "중앙위원회"라 한다)를 둔다.

1. 재난 및 안전관리에 관한 중요 정책에 관한 사항
2. 제22조에 따른 국가안전관리기본계획에 관한 사항
2의2. 제10조의2에 따른 재난 및 안전관리 사업 관련 중기사업계획서, 투자우선순위 의견 및 예산요구서에 관한 사항
3. 중앙행정기관의 장이 수립·시행하는 계획, 점검·검사, 교육·훈련, 평가 등 재난 및 안전관리업무의 조정에 관한 사항
3의2. 안전기준관리에 관한 사항
4. 제36조에 따른 재난사태의 선포에 관한 사항
5. 제60조에 따른 특별재난지역의 선포에 관한 사항
6. 재난이나 그 밖의 각종 사고가 발생하거나 발생할 우려가 있는 경우 이를 수습하기 위한 관계 기관 간 협력에 관한 중요 사항
6의2. 재난안전의무보험의 관리·운용 등에 관한 사항
7. 중앙행정기관의 장이 시행하는 대통령령으로 정하는 재난 및 사고의 예방사업 추진에 관한 사항
8. 그 밖에 위원장이 회의에 부치는 사항

05 ②

※ 제5류 위험물의 소화방법
① 물질자체에 산소를 함유하고 있어 이산화탄소 소화약제, 분말, 할론, 포 등에 의한 질식소화는 효과가 없다. 다량 주수에 의한 냉각소화가 효과적이다.
② 분말로 일시적인 소화효과는 있으나 재착화의 위험이 있으므로 물로 냉각소화 하여야 한다.

06 ②

이상기체상태방정식에 적용하면 다음과 같다.

$$PV = \frac{W}{M}RT$$

여기서, P: 압력[atm], V: 부피[L], W: 물질의 질량[g], M: 물질의 분자량[g/mol], R: 기체상수(0.082[atm·L/mol·K], T: 절대온도[K]

$$1 \times 10 = \frac{22}{M} \times 0.082 \times (0 + 273)$$

$$M = \frac{22 \times 0.082 \times 273}{1 \times 10} = 49.2492 = 49.25[g/mol]$$

07 ③

※ 제거소화
연소의 3요소 중 가연물을 다른 곳으로 이동 또는 제거하여 소화하는 방법을 말한다.
① 산불화재 시 진행방향의 나무를 벌목하는 방법(방화선 구축)
② 촛불을 입으로 불어 소화하는 방법
③ 가스나 유류화재 시 밸브를 폐쇄시키는 방법
④ 유전화재 시 질소폭탄을 투하하는 방법

08 ④

※ 내화구조 건축물 화재 진행
1) 초기
   ① 목조에 비해 기밀성(기밀도)이 우수하여 완만한 연소 상태를 띤다.
   ② 산소량의 감소로 불완전연소의 형태를 띤다.
   ③ 다량의 연기가 실내를 채운다.
2) 성장기
   ① 화세가 점차 성장하여 실내의 온도가 상승하고(약 800[℃] 정도) 개구부가 파괴되는 시기이다.
   ② 연기가 백색에서 흑색으로 변한다.
   ③ 실내에 순간적으로 화염이 충만하는 플래시 오버(F·O)가 발생하는 시기이다.
3) 최성기
   ① 화재실의 최고온도가 약 1,000[℃] 정도에 이른다.
   ② 목조에 비해 장시간 연소한다.
   ③ 건축 구조물이 무너져 내린다.(콘크리트 폭렬현상 발생)
   ④ 화재의 특징은 목조에 비해 저온장기형이다. (내화구조 자체의 화재의 특징은 고온장기형이다.)
4) 종기
   화세가 약해지고, 연기의 양도 점차 줄어들며, 실내의 온도가 서서히 줄어드는 시기이다.

09 ④

※ 플래시 오버 지연 대책
① 화원의 위치와 크기 : 화원의 크기가 소형일수록 지연된다.
② 내장재의 종류, 열전도율 및 불연화 순서
   • 종류 : 불연재료, 준불연재료
   • 열전도율이 큰 재료일수록, 두께는 두꺼울수록 지연된다.
   • 불연화 순서 : 천장 → 벽 → 바닥 순으로 불연화 한다.
③ 개구율 : 개구율이 작을수록 산소 부족으로 연소가 원활하게 일어나지 않으므로 실내의 열축적이 적어 플래시 오버가 지연될 수 있고, 개구율이 아주 클수록 실내에 축적되는 열코다 외부로 유출되는 열이 많으므로 플래시 오버가 지연될 수 있다.

10 ④

「재난 및 안전관리 기본법」 제22조 (국가안전관리기본계획의 수립 등)
① 국무총리는 대통령령으로 정하는 바에 따라 국가의 재난 및 안전관리업무에 관한 기본계획(이하 "국가안전관리기본계획"이라 한다)의 수립지침을 작성하여 관계 중앙행정기관의 장에게 통보하여야 한다.
② 제1항에 따른 수립지침에는 부처별로 중점적으로 추진할 안전관리기본계획의 수립에 관한 사항과 국가재난관리체계의 기본방향이 포함되어야 한다.
③ 관계 중앙행정기관의 장은 제1항에 따른 수립지침에 따라 그 스관에 속하는 재난 및 안전관리업무에 관한 기본계획을 작성한 후 국무총리에게 제출하여야 한다.
④ 국무총리는 제3항에 따라 관계 중앙행정기관의 장이 제출한 기본계획을 종합하여 국가안전관리기본계획을 작성하여 중앙위원회의 심의를 거쳐 확정한 후 이를 관계 중앙행정기관의 장에게 통보하여야 한다.

11 ①

용어의 정의
① "유도등"이란 화재 시에 피난을 유도하기 위한 등으로서 정상상태에서는 상용전원에 따라 켜지고 상용전원이 정전되는 경우에는 비상전원으로 자동전환되어 켜지는 등을 말한다.
② "피난구유도등"이란 피난구 또는 피난경로로 사용되는 출입구를 표시하여 피난을 유도하는 등을 말한다.
③ "통로유도등"이란 피난통로를 안내하기 위한 유도등으로 복도통로유도등, 거실통로유도등, 계단통로유도등을 말한다.
④ "복도통로유도등"이란 피난통로가 되는 복도에 설치하는 통로유도등으로서 피난구의 방향을 명시하는 것을 말한다.
⑤ "거실통로유도등"이란 거주, 집무, 작업, 집회, 오락 그 밖에 이와 유사한 목적을 위하여 계속적으로 사용하는 거실, 주차장 등 개방된 통로에 설치하는 유도등으로 피난의 방향을 명시하는 것을 말한다.
⑥ "계단통로유도등"이란 피난통로가 되는 계단이나 경사로에 설치하는 통로유도등으로 바닥면 및 디딤 바닥면을 비추는 것을 말한다
⑦ "객석유도등"이란 객석의 통로, 바닥 또는 벽에 설치하는 유도등을 말한다.

12 ②

위험도 = $\dfrac{\text{연소상한계} - \text{연소하한계}}{\text{연소하한계}}$

① 수소 = $\dfrac{75 - 4}{4} = 17.8$ ② 아세틸렌 = $\dfrac{81 - 2.5}{2.5} = 31.4$

③ 부탄 = $\dfrac{8.4 - 1.8}{1.8} = 3.7$ ④ 일산화탄소 = $\dfrac{74 - 12.5}{12.5} = 4.9$

13 ④

※ 공기 중의 산소 농도

$O_2 = 20 - (\dfrac{20 \times CO_2(\%)}{100})$

$= 20 - (\dfrac{20 \times 35}{100})$

$= 20 - 7$

$= 13(\%)$

여기서, CO_2: 최소 소화이론농도[%]
O_2: 약제 방출로 인한 산소농도[%](공기중산소농도[%]는 20% 로 한다.)

14 ②

구급대원은 구급대상자가 다음 각 호의 어느 하나에 해당하는 비응급환자인 경우에는 구급출동 요청을 거절할 수 있다. 이 경우 구급대원은 구급대상자의 병력·증상 및 주변 상황을 종합적으로 평가하여 구급대상자의 응급 여부를 판단하여야 한다.
1. 단순 치통환자
2. 단순 감기환자. 다만, 섭씨 38도 이상의 고열 또는 호흡곤란이 있는 경우는 제외한다.

3. 혈압 등 생체징후가 안정된 타박상 환자
4. 술에 취한 사람. 다만, 강한 자극에도 의식이 회복되지 아니하거나 외상이 있는 경우는 제외한다.
5. 만성질환자로서 검진 또는 입원 목적의 이송 요청자
6. 단순 열상(裂傷) 또는 찰과상(擦過傷)으로 지속적인 출혈이 없는 외상환자
7. 병원 간 이송 또는 자택으로의 이송 요청자. 다만, 의사가 동승한 응급환자의 병원 간 이송은 제외한다.

15 ③

「재난 및 안전관리 기본법」 제37조(응급조치)
① 제50조제2항에 따른 시·도긴급구조통제단 및 시·군·구긴급구조통제단의 단장(이하 "지역통제단장"이라 한다)과 시장·군수·구청장은 재난이 발생할 우려가 있거나 재난이 발생하였을 때에는 즉시 관계 법령이나 재난대응활동계획 및 위기관리 매뉴얼에서 정하는 바에 따라 수방(水防)·진화·구조 및 구난(救難), 그 밖에 재난 발생을 예방하거나 피해를 줄이기 위하여 필요한 다음 각 호의 응급조치를 하여야 한다. 다만, 지역통제단장의 경우에는 제2호 중 진화에 관한 응급조치와 제4호 및 제6호의 응급조치만 하여야 한다.
1. 경보의 발령 또는 전달이나 피난의 권고 또는 지시
1의2. 제31조에 따른 안전조치
2. 진화·수방·지진방재, 그 밖의 응급조치와 구호
3. 피해시설의 응급복구 및 방역과 방범, 그 밖의 질서 유지
4. 긴급수송 및 구조 수단의 확보
5. 급수 수단의 확보, 긴급피난처 및 구호품의 확보
6. 현장지휘통신체계의 확보
7. 그 밖에 재난 발생을 예방하거나 줄이기 위하여 필요한 사항으로서 대통령령으로 정하는 사항

16 ①

역화(백화이어, Back fire) : 가연성 기체의 분출 속도가 연소 속도보다 느리면 불꽃이 버너의 염공 속으로 진입하는 현상

※ 역화의 원인
① 가스의 분출속도가 느려진 경우
② 가스의 공급량이 감소된 경우
③ 노즐이 뜨거워진 경우
④ 관경이 넓어진 경우

17 ③

※ 포 소화약제 혼합방식
- "펌프 프로포셔너방식"이란 펌프의 토출관과 흡입관 사이의 배관 도중에 설치한 흡입기에 펌프에서 토출된 물의 일부를 보내고, 농도 조절밸브에서 조정된 포 소화약제의 필요량을 포 소화약제 탱크에서 펌프 흡입 측으로 보내어 이를 혼합하는 방식을 말한다.
- "라인 프로포셔너방식"이란 펌프와 발포기의 중간에 설치된 벤추리관의 벤추리작용에 따라 포 소화약제를 흡입·혼합하는 방식을 말한다.
- "프레져 프로포셔너방식"이란 펌프와 발포기의 중간에 설치된 벤추리관의 벤추리작용과 펌프 가압수의 포 소화약제 저장탱크에 대한 압력에 따라 포 소화약제를 흡입·혼합하는 방식을 말한다.

- "프레져사이드 프로포셔너방식"이란 펌프의 토출관에 압입기를 설치하여 포 소화약제 압입용 펌프로 포 소화약제를 압입시켜 혼합하는 방식을 말한다.

18 ③

※ 증기운폭발(VCE)
대기중에 대량의 가연성 가스가 유출되거나 대량의 가연성 액체가 유출하여 발생하는 증기와 공기와의 혼합기의 폭발

19 ③

※ 이산화탄소의 특성
① 무색, 무취, 무독성의 기체로 소화 후 잔유물이 없고 증거보존 및 화재조사가 용이하다.
② 불연성이며 공기보다 약 1.52배 무겁다.
③ 약제의 변질이 없어 영구보존이 가능하다.
④ 유류화재(B급)에 적합하고, 전기의 부도체이므로 전기화재(C급)에도 적합하다.
⑤ 임계온도가 높아 액체 상태로 저장·취급한다.(임계온도 : 31.25[℃])
⑥ 고압의 자체 압력을 가지고 있으므로 다른 압력원이 필요 없다.
⑦ 방사 시 운무현상이 발생한다.(고체탄산=드라이아이스)
⑧ 방사 시 소음이 크다.(고압)
⑨ 동상의 우려가 있다.
⑩ 산소 농도 저하에 따른 질식의 우려가 있다.
⑪ 지하층, 무창층, 거실로서 바닥면적 20[㎡] 미만인 장소는 설치 제외 장소이다.

20 ③

※ 준비작동식 스프링클러설비
가압송수장치에서 준비작동식 유수검지장치 1차 측까지 배관 내에 항상 물이 가압되어 있고 2차 측에서 폐쇄형 스프링클러헤드까지 대기압 또는 저압으로 있다가 화재발생 시 감지기의 작동으로 준비작동식 유수검지장치가 작동하여 폐쇄형 스프링클러헤드까지 소화용수가 송수되어 폐쇄형 스프링클러헤드가 열에 따라 개방되는 방식의 스프링클러설비를 말한다.

21 ①

- 몰분율 = $\dfrac{\text{어떤 성분의 몰수}}{\text{전체 성분의 몰수}}$

- 할론가스의 몰수 = $\dfrac{\text{질량[kg]}}{\text{분자량[kg/mol]}}$ $\dfrac{45[kg]}{149[kg/mol]}$ = 0.30몰

- 질소가스의 몰수 = $\dfrac{\text{질량[kg]}}{\text{분자량[kg/mol]}}$ $\dfrac{2[kg]}{28[kg/mol]}$ = 0.07몰

- 몰분율 = $\dfrac{0.07}{0.3 + 0.07}$ = 0.19

22 ①

※ 샤를의 법칙

$\dfrac{V_1}{T_1} = \dfrac{V_2}{T_2}$ 에 의하여

부피가 절대온도에 반비례하므로 절대온도 값으로 나타내면 T_1은 273+20=293[K]가 되고, T_2은 273+600=873[K]이 된다.

부피(V_2)는 $V_2 = \dfrac{V_1}{T_1} \times T_2$

$V_2 = \dfrac{V_1}{293[K]} \times 873[K] = 2.98 ≒ 3$배

23 ③

※ 위험물의 성상
- 제1류 위험물 : 산화성 고체
- 제2류 위험물 : 가연성 고체
- 제3류 위험물 : 자연발화성 및 금수성
- 제4류 위험물 : 인화성 액체
- 제5류 위험물 : 자기반응성(연소성)
- 제6류 위험물 : 산화성 액체

24 ②

「소방기본법 시행령」 제8조(소방활동구역의 출입자)

법 제23조제1항에서 "대통령령으로 정하는 사람"이란 다음 각 호의 사람을 말한다.
1. 소방활동구역 안에 있는 소방대상물의 소유자·관리자 또는 점유자
2. 전기·가스·수도·통신·교통의 업무에 종사하는 사람으로서 원활한 소방활동을 위하여 필요한 사람
3. 의사·간호사 그 밖의 구조·구급업무에 종사하는 사람
4. 취재인력 등 보도업무에 종사하는 사람
5. 수사업무에 종사하는 사람
6. 그 밖에 소방대장이 소방활동을 위하여 출입을 허가한 사람

25 ④

※ 재난관리 4단계
- 재난 발생을 사전에 방지하기 위하여 매년 재난대비훈련 계획을 수립하고, 관계 기관과 합동으로 재난대비훈련을 실시한다. - 예방단계
- 재난의 수습활동을 효율적으로 하기 위하여 재난관리자원의 비축·관리 및 긴급통신수단을 마련한다. - 대비단계
- 재난 발생을 사전에 방지하기 위하여 매년 재난대비훈련 계획을 수립하고, 관계 기관과 합동으로 재난대비훈련을 실시한다. - 대비단계
- 재난 피해지역을 재해 이전 상태로 회복시키기 위하여 피해상황을 조사하고, 자체복구계획을 수립·시행한다. - 복구단계

제10회 소방학개론 최종모의고사 정답 및 해설

2025 진수 소방학개론 최종모의고사

01	02	03	04	05	06	07	08	09	10
②	①	④	①	③	④	③	④	①	③
11	12	13	14	15	16	17	18	19	20
③	①	②	④	②	①	①	②	③	②
21	22	23	24	25					
②	②	②	④	②					

01 ②

※ 소방공무원의 일반적 의무
- 성실의 의무
- 복종의 의무
- 친절·공정의 의무
- 청렴의 의무
- 품위유지의 의무
- 비밀엄수의 의무
- 제복착용의 의무

02 ①

재난안전법 제67조 (재난관리기금의 적립)
① 지방자치단체는 재난관리에 드는 비용에 충당하기 위하여 매년 재난관리기금을 적립하여야 한다.
② 제1항에 따른 재난관리기금의 매년도 최저적립액은 최근 3년 동안의 「지방세법」에 의한 보통세의 수입결산액의 평균연액의 100분의 1에 해당하는 금액으로 한다.

03 ④

인화성 액체로서 연소 시 화염이 발생하고 화재의 확대가 급격하게 진행이 되는 양상이 있다.

04 ①

기화온도 100[℃]는 액체가 기체가 되기 위해 필요한 온도로 화재와는 관계가 없다.

05 ③

안개모양으로 분무하여 방사하면 냉각효과와 질식효과를 더욱 높일 수 있다.

06 ④

잘고 엷은 가연물은 표면적이 넓어 공기와의 접촉 부분이 많고 입자표면에서의 전도열의 방출이 적기 때문에 더 잘 탈 수 있다.

07 ③

$Q = m \times C \times \Delta t = 600[g] \times 0.9[cal/g \cdot ℃] \times (280 - 30)[℃] = 135,000[cal] = 135[kcal]$

08 ④

※ 자연발화 방지대책
- 통풍이나 환기 방법 등을 고려하여 열의 축적을 방지한다.
- 황린은 물속에 저장한다.
- 저장실 및 주위온도를 낮게 유지한다.
- 가능한 한 입자를 크게 하여 공기와의 접촉 면적을 적게 한다.

09 ①

※ 목조건축물의 화재진행순서

화재원인 → 무염착화 → 발염착화 → 발화 → 최성기 → 연소낙하 → 진화

10 ③

내화구조 : 철근콘크리트조 또는 철골철근콘크리트조로서 화재에 견딜 수 있는 성능을 가진 구조로서 전소한다 하더라도 수리하여 재사용할 수 있는 구조를 말한다.

11 ③

축압용 소화기의 충전가스 : 질소(N_2)

12 ①

탄화현상 : 목재의 발화에너지가 충분하지 못하여 연소하지 못하고 분해가스만 방출하는 현상

13 ②

정전기의 발생 및 발화과정 : 전하의 발생 → 전하의 축적 → 방전 → 발화

14 ④

D급화재는 금속화재로서 가연성 금속에서 발생한 화재를 말한다.

15 ②

강화액 소화기, 분말 소화기 사용온도 범위 : −20[℃] 이상 40[℃] 이하
기타 소화기 사용온도 범위 : 0[℃] 이상 40[℃] 이하

16 ①

목조건물 화재 시 처음에는 백색의 연기가 창, 환기구 등으로 분출한다.

17 ①

불꽃연소는 연소속도가 빨라 표면연소에 비해 발열량이 크다.

18 ②

이산화탄소 저장상태 : 고압·액상 상태로 저장

19 ③

※ 화재의 종류
- 일반화재(A급화재) : 목재, 섬유, 종이, 고무, 플라스틱 등
- 유류화재(B급화재) : 특수인화물, 가솔린, 등유, 경유, 알코올, 중유 등
- 전기화재(C급화재) : 발전실, 변전실, 전기실, 전산실 등
- 금속화재(D급화재) : 나트륨, 칼륨, 금속분, 마그네슘 분 등
- 주방화재(K급화재) : 주방에서 사용하는 동·식물 기름
- 가스화재(E급화재) : 가연성가스, 압축가스, 액화가스 등

20 ②

1[BTU] : 1[lb]의 물을 1[℉] 만큼 상승시키는 데 필요한 열량

21 ②

비화란 화재의 발생 장소에서 불꽃이 날아가 멀리 있는 가연물에 불이 옮겨 붙는 현상을 말한다. 이 때 화점으로부터 풍하방향으로 분포하는 특징이 있다.

22 ②

선화[리프팅(Lifting)] : 가연성 기체의 **분출 속도가 연소 속도보다 빠르면** 불꽃이 버너의 염공에 붙지 못하고 일정한 간격을 두고 **연소하는 현상을 말한다.**

23 ②

재난안전법 제13조(지역위원회 등에 대한 지원 및 지도)
행정안전부장관은 시·도위원회의 운영과 지방자치단체의 재난 및 안전관리업무에 대하여 필요한 지원과 지도를 할 수 있으며, 시·도지사는 관할 구역의 시·군·구위원회의 운영과 시·군·구의 재난 및 안전관리업무에 대하여 필요한 지원과 지도를 할 수 있다.

24 ④

철분, 금속분, 마그네슘분은 산이나 물과 반응하면 가연성 가스인 수소가스를 발생한다.

25 ②

성능에 따라 화점에 가깝게 접근하여 사용해야 한다.

제11회 소방학개론 최종모의고사 정답 및 해설

2025 진수 소방학개론 최종모의고사

01	02	03	04	05	06	07	08	09	10
④	③	②	④	③	①	②	①	④	②
11	12	13	14	15	16	17	18	19	20
①	②	①	④	③	①	④	②	②	③
21	22	23	24	25					
③	①	④	③	④					

01 ④

"긴급구조기관"이란 소방청·소방본부 및 소방서를 말한다. 다만, 해양에서 발생한 재난의 경우에는 해양경찰청·지방해양경찰청 및 해양경찰서를 말한다.

02 ③

※ 옥내소화전설비의 함 및 방수구 등
① 옥내소화전설비의 함은 소방청장이 정하여 고시한 「소화전함의 성능인증 및 제품검사의 기술기준」에 적합한 것으로 설치하되 밸브의 조작, 호스의 수납 및 문의 개방 등 옥내소화전의 사용에 장애가 없도록 설치해야 한다.
② 옥내소화전방수구는 다음 각 호의 기준에 따라 설치해야 한다.
   1. 특정소방대상물의 층마다 설치하되, 해당 특정소방대상물의 각 부분으로부터 하나의 옥내소화전방수구까지의 수평거리가 25미터 이하가 되도록 할 것
   2. 바닥으로부터의 높이가 1.5미터 이하가 되도록 할 것
   3. 호스는 구경 40밀리미터(호스릴옥내소화전설비의 경우에는 25밀리미터) 이상인 것으로서 특정소방대상물의 각 부분에 물이 유효하게 뿌려질 수 있는 길이로 설치할 것
   4. 호스릴옥내소화전설비의 경우 그 노즐에는 노즐을 쉽게 개폐할 수 있는 장치를 부착할 것
③ 옥내소화전설비의 함에는 옥내소화전설비의 위치를 표시하는 표시등과 가압송수장치의 기동을 표시하는 표시등을 설치해야 한다.
④ 옥내소화전설비의 함에는 그 표면에 "소화전"이라는 표시를 해야 한다.
⑤ 옥내소화전설비의 함 가까이 보기 쉬운 곳에 그 사용요령을 기재한 표지판을 붙여야 하며, 표지판을 함의 문에 붙이는 경우에는 문의 내부 및 외부 모두에 붙여야 한다. 이 경우, 사용요령은 외국어와 시각적인 그림을 포함하여 작성해야 한다.

03 ②

※ 이산화탄소(CO_2)
  ㉮ 탄소를 함유한 가연물의 완전연소 시 발생하며 무색, 무취의 가스이다.
  ㉯ 일산화탄소(CO)처럼 인체에 대한 직접적인 독성은 없으나 화재 시 다량 발생 하므로 공기 중의 산소 부족에 따른 질식 및 호흡속도의 증가를 가져와 다른 유독가스의 흡입을 촉진시킨다.

04 ④

제4류 위험물은 대부분이 물보다 가볍고, 수용성의 물질도 있으나 대부분은 비수용성의 물질이다.

05 ③

종합상황실의 실장은 다음 각 호의 어느 하나에 해당하는 상황이 발생하는 때에는 그 사실을 지체 없이 별지 제1호서식에 따라 서면·팩스 또는 컴퓨터통신 등으로 소방서의 종합상황실의 경우는 소방본부의 종합상황실에, 소방본부의 종합상황실의 경우는 소방청의 종합상황실에 각각 보고해야 한다.

1. 다음 각목의 1에 해당하는 화재
   - 가. 사망자가 5인 이상 발생하거나 사상자가 10인 이상 발생한 화재
   - 나. 이재민이 100인 이상 발생한 화재
   - 다. 재산피해액이 50억원 이상 발생한 화재
   - 라. 관공서·학교·정부미도정공장·문화재·지하철 또는 지하구의 화재
   - 마. 관광호텔, 층수(「건축법 시행령」제119조제1항제9호의 규정에 의하여 산정한 층수를 말한다. 이하 이 목에서 같다)가 11층 이상인 건축물, 지하상가, 시장, 백화점, 「위험물안전관리법」제2조제2항의 규정에 의한 지정수량의 3천배 이상의 위험물의 제조소·저장소·취급소, 층수가 5층 이상이거나 객실이 30실 이상인 숙박시설, 층수가 5층 이상이거나 병상이 30개 이상인 종합병원·정신병원·한방병원·요양소, 연면적 1만5천제곱미터 이상인 공장 또는 「화재의 예방 및 안전관리에 관한 법률」제18조제1항 각 목에 따른 화재예방강화지구에서 발생한 화재
   - 바. 철도차량, 항구에 매어둔 총 톤수가 1천톤 이상인 선박, 항공기, 발전소 또는 변전소에서 발생한 화재
   - 사. 가스 및 화약류의 폭발에 의한 화재
   - 아. 「다중이용업소의 안전관리에 관한 특별법」제2조에 따른 다중이용업소의 화재
2. 「긴급구조대응활동 및 현장지휘에 관한 규칙」에 의한 통제단장의 현장지휘가 필요한 재난상황
3. 언론에 보도된 재난상황
4. 그 밖에 소방청장이 정하는 재난상황

06 ①

경보설비 – 화재발생 사실을 통보하는 기계·기구 또는 설비

	화재발생 사실을 통보하는 기계·기구 또는 설비	
경보설비	1. 단독경보형 감지기	
	2. 비상경보설비	① 비상벨설비 ② 자동식사이렌설비
	3. 시각경보기	
	4. 자동화재탐지설비	
	5. 비상방송설비	
	6. 자동화재속보설비	
	7. 통합감시설비	
	8. 누전경보기	
	9. 가스누설경보기	

07 ②

※ 능력단위에 따른 소화기 분류

소화기 종류	능력 단위		보행거리m
	A급 화재	B급 화재	
소형 소화기	1단위 이상 대형 소화기의 소화 능력단위 미만		20m 이내
대형 소화기	10단위 이상	20단위 이상	30m 이내

08 ①

※ 압력(壓力)방폭 구조
전기설비 용기 내부에 공기, 질소, 탄산가스 등의 보호가스를 대기압 이상으로 봉입(封入)하여 당해 용기 내부에 가연성 가스 또는 증기가 침입하지 못하도록 한 구조를 말한다.

09 ④

※ 연기의 유동 요인
① 굴뚝효과(실내·외의 온도차)
② 화재에 의한 부력(온도에 의한 가스의 팽창)
③ 건축물 내의 강제적인 공기 이동(공조 설비)
④ 외부에서의 바람의 영향(풍압차)

10 ②

※ 정부수립 이후 Ⅰ(1948년~1970년) - 초창기
① 정부수립과 동시에 독립된 자치소방행정체제를 폐지하고 다시 소방을 경찰과 병합하여 전국의 모든 시 뿐만 아니라 군 까지 일괄적으로 국가에서 관리하는 국가소방행정체제로 전환
② 1948년 내무부 직제에 따라 중앙소방조직의 소방업무는 내무부 치안국 소방과에서 관장하였고, 지방 각 시·도의 소방업무는 경찰국 소방과에서 관장
③ 1958년 「소방법」에 제정, 공포

11 ①

※ 연소의 형태
㉠ 분해연소 : 석탄, 목재, 플라스틱, 종이, 합성수지 등
㉡ 표면연소 : 숯, 코크스, 목탄, 금속분, 향, 담배 등
㉢ 증발연소 : 파라핀(양초), 황, 나프탈렌, 왁스, 휘발유, 등유, 경유, 아세톤 등 제4류 위험물
㉣ 자기연소(내부연소) : 질화면(나이트로셀룰로오즈), 셀룰로이드, 나이트로글리세린 등 제5류 위험물

12 ②

※ 한계산소농도(Limiting Oxygen Concentration)
공기에 불연성기체를 주입하여 산소 농도를 낮추면 점화원을 가하여도 산소부족으로 발화하지 않게 되는 한계 농도를 말한다. 한계산소농도는 질식소화와 관계가 있고 또한 가연물의 종류와 소화약제의 종류에 따라서

밀접한 관계를 가지고 있다.

13 ①

※ 자연발화 방지대책
㉠ 저장실의 온도를 낮춘다.
㉡ 물질의 퇴적시 통풍을 양호하게 한다.(열의 축적 방지)
㉢ 습도를 가능한 낮춘다.
㉣ 물질의 표면적을 작게 한다.

14 ④

※ 건축물의 방화계획
1) 공간적 대응
㉠ 대항성 대응 – 화재발생 시 대항하는 화재사상의 저항능력·내화성능·방연성능·초소화 대응·소방대의 활동성
㉡ 회피성 대응 – 화재의 발생을 사건에 예방조치하는 대응성·난연화·불연화·구획의 세분화·방화훈련, 불조심
㉢ 도피성 대응 – 화재시 피난할 수 있는 대응성·피난기구·피난설비
2) 설비적 대응 : 소방시설과 관련 있는 대응

15 ③

재난 및 안전관리기본법 제37조(응급조치)
시·도 긴급구조통제단 및 시·군·구 긴급구조통제단의 단장(지역통제단장)과 시장·군수·구청장은 재난이 발생할 우려가 있거나 재난이 발생한 대에는 즉시 관계법령이나 시·도 또는 시·군·구의 안전관리계획이 정하는 바에 의하여 수방(水防)·진화·구조 및 구난(救難) 그 밖에 재난의 발생을 예방하거나 피해를 경감하기 위하여 필요한 다음의 응급조치를 실시하여야 한다. 다만, 지역통제단장의 경우에는 제2호 중 진화에 관한 응급조치와 제4호 및 제6호의 응급조치에 한한다.
1. 경보의 발령 또는 전달이나 피난의 권고 또는 지시
1의2. 제31조에 따른 안전조치
2. 진화·수방·지진방재, 그 밖의 응급조치와 구호
3. 피해시설의 응급복구 및 방역과 방범, 그 밖의 질서 유지
4. 긴급수송 및 구조 수단의 확보
5. 급수 수단의 확보, 긴급피난처 및 구호품의 확보
6. 현장지휘통신체계의 확보
7. 그 밖에 재난 발생을 예방하거나 줄이기 위하여 필요한 사항

16 ①

※ 자동화재탐지설비의 경계구역 설정기준
① 하나의 경계구역이 2개 이상의 건축물에 미치지 아니하도록 하여야 한다.
② 하나의 경계구역이 2개 이상의 층에 미치지 아니하도록 하여야 한다. 다만, 500㎡ 이하의 범위 안에서는 2개의 층을 하나의 경계구역으로 할 수 있다.
③ 하나의 경계구역의 면적은 600㎡ 이하로 하고 한변의 길이는 50m 이하로 하여야 한다. 다만, 해당 특정소방

대상물의 주된 출입구에서 그 내부 전체가 보이는 것에 있어서는 한 변의 길이가 50m의 범위 내에서 1,000 m² 이하로 할 수 있다.

17 ④

※ 제2류 위험물의 종류
㉠ 황화인, 적린, 황 – 지정수량 100[kg]
㉡ 철분, 금속분, 마그네슘 – 지정수량 500[kg]
㉢ 인화성 고체 – 지정수량 1,000[kg]
　칼륨 – 제3류 위험물(지정수량 10[kg])

18 ②

※ 플래시 오버(Flash Over)
㉠ 순발적인 착화현상
㉡ 열의 공급에 의해 발생한다.
㉢ 화재의 성장기에 발생한다.(최성기 직전, 성장기에서 최성기로 넘어가는 분기점)

19 ②

※ 방화문
방화문이란 방화구획된 벽의 개구부에 설치하여 연소 확대방지를 위해 설치하는 것이다. 방화문의 문틀 또는 다른 방화문과 접하는 부분은 그 방화문을 닫은 경우에 방화에 지장이 있는 틈이 생기지 않는 구조여야 하며, 항시 닫혀 있어야 하며 수시로 열수 있고 자동으로 폐쇄되는 구조를 가지며 피난방향으로 열리는 구조여야 한다.
1) 60분+방화문 : 산업표준화법에 의한 시험결과 차열시험 30분시간 이상
2) 60분방화문 : 산업표준화법에 의한 시험결과 비차열시험 60분 이상
3) 30분방화문 : 산업표준화법에 의한 시험결과 비차열시험 30분 이상

20 ③

※ 갑오경장(1894년) 이후
㉠ 일본은 경무청을 설치하여 경찰의 사무를 병합하였다. 내무부 지방국에서 소방과 경찰을 관장하였다.
㉡ 1895년 "소방"이라는 용어를 처음 사용했다.
㉢ 우리나라 최초로 화재보험제도가 실시되었고, 공설 및 사설 소화전이 설치되었다.
㉣ 궁정소방대에 증기펌프 및 완용펌프가 구비되었다.

21 ③

강제대치조치 : 시장·군수·구청장과 지역통제단장은 대피명령을 받은 ㅈ· 또는 위험구역에서의 퇴거나 대피명령을 받은 자가 그 명령을 이행하지 아니하여 위급하다고 판단되는 때에는 당해 지역 또는 위험구역 안의 주민을 강제 대피시키거나 강제 퇴거시킬 수 있다.

22 ①

※ **피난계획의 기본원칙**
① 피난수단은 원시적인 방법으로 한다.
② 피난통로는 최소 2개 방향 이상의 피난로를 확보한다.
③ 피난설비는 고정적인 시설로 한다.
④ 피난계단 및 특별피난계단 등은 가급적 분산 배치한다.
⑤ 피난통로의 종단에는 충분한 안전공간을 확보한다.
⑥ 피난의 경로는 간단명료하게 한다.
⑦ 인간의 피난특성을 고려한다.
⑧ Fool-Proof 원칙과 Fail-Safe의 원칙에 따른다.

> ※ **참고**
> - Fool-Proof 원칙 : 피난설비는 원시적이고 간단명료하게 설치하고, 피난대책은 누구나 알기 쉬운 방법을 선택하라는 원칙을 말한다. 즉, 문자보다는 색과 형태를 이용하라는 의미이다.
> - Fail-Safe 원칙 : 피난 시 하나의 수단이 고장 등으로 사용이 불가능하다 하더라도 또 다른 수단과 방법을 이용하여 피난할 수 있도록 하라는 원칙을 말한다. 명백한 2방향 이상의 피난통로를 확보하는 피난대책이 이에 속한다.

23 ④

제6류 위험물의 과산화수소는 그 농도가 36중량% 이상인 것에 한한다.

24 ③

※ **방화벽**
연면적 1,000m2 이상인 건축물로서 그 주요구조부가 내화구조 또는 불연재료가 아닌 건축물에는 다음 기준에 의하여 바닥면적의 합계 1,000m2 미만마다 방화벽을 설치하여야 한다.
1) 내화구조로서 홀로 설 수 있는 구조일 것
2) 방화벽의 양쪽 끝과 위쪽 끝은 건축물의 외벽면 및 지붕면으로부터 0.5m 이상 돌출되도록 할 것
3) 방화벽에 설치하는 출입문의 너비 및 높이는 각각 2.5m 이하로 하고 당해 출입문은 60분+방화문, 또는 60분방화문으로 설치할 것

25 ④

굴뚝효과의 영향을 주는 인자 : 화재실의 온도, 건축물의 높이, 외벽의 기밀도, 건축물의 층간 공기 누출, 실내·외의 온도차

제12회 소방학개론 최종모의고사 정답 및 해설

2025 진수 소방학개론 최종모의고사

01	02	03	04	05	06	07	08	09	10
④	①	④	④	③	④	②	④	④	④
11	12	13	14	15	16	17	18	19	20
②	③	④	②	①	①	①	③	③	①
21	22	23	24	25					
③	①	④	③	④					

01 ④

「재난 및 안전관리 기본법 시행령」 제63조 (긴급구조대응계획의 수립)

① 법 제54조에 따라 긴급구조기관의 장이 수립하는 긴급구조대응계획은 기본계획, 기능별 긴급구조대응계획, 재난유형별 긴급구조대응계획으로 구분하되, 구분된 계획에 포함되어야 하는 사항은 다음 각 호와 같다.

1. 기본계획
   가. 긴급구조대응계획의 목적 및 적용범위
   나. 긴급구조대응계획의 기본방침과 절차
   다. 긴급구조대응계획의 운영책임에 관한 사항

2. 기능별 긴급구조대응계획
   가. 지휘통제 : 긴급구조체제 및 중앙통제단과 지역통제단의 운영체계 등에 관한 사항
   나. 비상경고 : 긴급대피, 상황 전파, 비상연락 등에 관한 사항
   다. 대중정보 : 주민보호를 위한 비상방송시스템 가동 등 긴급 공공정보 제공에 관한 사항 및 재난상황 등에 관한 정보 통제에 관한 사항
   라. 피해상황분석 : 재난현장상황 및 피해정보의 수집·분석·보고에 관한 사항
   마. 구조·진압 : 인명 수색 및 구조, 화재진압 등에 관한 사항
   바. 응급의료 : 대량 사상자 발생 시 응급의료서비스 제공에 관한 사항
   사. 긴급오염통제 : 오염 노출 통제, 긴급 감염병 방제 등 재난현장 공중보건에 관한 사항
   아. 현장통제 : 재난현장 접근 통제 및 치안 유지 등에 관한 사항
   자. 긴급복구 : 긴급구조활동을 원활하게 하기 위한 긴급구조차량 접근 도로 복구 등에 관한 사항
   차. 긴급구호 : 긴급구조요원 및 긴급대피 수용주민에 대한 위기 상담, 임시 의식주 제공 등에 관한 사항
   카. 재난통신 : 긴급구조기관 및 긴급구조지원기관 간 정보통신체계 운영 등에 관한 사항

3. 재난유형별 긴급구조대응계획
   가. 재난 발생 단계별 주요 긴급구조 대응활동 사항
   나. 주요 재난유형별 대응 매뉴얼에 관한 사항
   다. 비상경고 방송메시지 작성 등에 관한 사항

② 긴급구조기관의 장은 긴급구조대응계획을 수립하기 위하여 필요한 경우에는 긴급구조지원기관의 장에게 소관별 긴급구조세부대응계획을 수립하여 제출하도록 요청할 수 있다. 이 경우 긴급구조기관의 장은 긴급구조세부대응계획의 작성에 필요한 긴급구조세부대응계획의 수립에 관한 지침을 작성하여 배포하여야 한다.

02 ①

「화재조사 및 보고규정」 화재합동조사단 운영 및 종료
① 소방관서장은 영 제7조제1항에 해당하는 화재가 발생한 경우 다음 각 호에 따라 화재합동조사단을 구성하여 운영하는 것을 원칙으로 한다.
  1. 소방청장 : 사상자가 30명 이상이거나 2개 시·도 이상에 걸쳐 발생한 화재(임야화재는 제외한다. 이하 같다)
  2. 소방본부장 : 사상자가 20명 이상이거나 2개 시·군·구 이상에 발생한 화재
  3. 소방서장 : 사망자가 5명 이상이거나 사상자가 10명 이상 또는 재산피해액이 100억원 이상 발생한 화재
② 제1항에도 불구하고 소방관서장은 영 제7조제1항제2호 및 「소방기본법 시행규칙」제3조제2항제1호에 해당하는 화재에 대하여 화재합동조사단을 구성하여 운영할 수 있다.
③ 소방관서장은 영 제7조제2항과 영 제7조제4항에 해당하는 자 중에서 단장 1명과 단원 4명 이상을 화재합동조사단원으로 임명하거나 위촉할 수 있다.
④ 화재합동조사단원은 화재현장 지휘자 및 조사관, 출동 소방대원과 협력하여 조사와 관련된 정보를 수집할 수 있다.
⑤ 소방관서장은 화재합동조사단의 조사가 완료되었거나, 계속 유지할 필요가 없는 경우 업무를 종료하고 해산시킬 수 있다.

03 ④

※ 중성대(Neutral Zone, Neutral Plane)
1) 중성대 의의
건축물에서 화재가 발생하면 실내온도가 상승하여 부력에 의해 고온의 기체가 상부에 축적 되어 실내 상부의 압력은 실외의 압력보다 높아지고 하부의 압력은 실외의 압력보다 낮아진다. 따라서 실내의 상부와 하부 사이의 어느 지점에 실내의 압력과 실외의 압력이 같아지는 면이 생기는데 이를 중성대라고 한다. 그러므로 중성대의 위쪽은 기체가 외부로 유출(배기)되고, 중성대의 아래쪽은 내부로 유입(급기)된다.
2) 중성대 활용
화재 시 중성대의 형성 위치를 파악하는 것은 소방 활동에 대단히 중요하다. 특히 배연을 할 경우에는 중성대 위쪽으로 해야 효과적이다.
예를 들어 밀폐된 실내에서 화재가 발생하면 공기의 유입이 없으므로 연소 확대는 없지만 실내의 하부에 개구부가 생기면 신선한 공기의 유입으로 연소의 확대와 동시에 발연량의 증가로 연기층은 실내의 하부로 급속히 확대되면서 중성대는 아래로 내려오게 된다. 반대로 실내의 상부에 개구부가 생기면 마찬가지로 연소는 확대되지만 그때 발생한 연기는 상승하여 상부의 개구부를 통해 빠르게 실외로 유출되므로 중성대는 위로 올라가게 되어 중성대 아래쪽의 공간이 커지게 된다. 그렇게 되면 대원과 대피자의 활동 공간과 시야의 확보가 용이하여 신속히 대피할 수 있다. 따라서 배연은 중성대의 위쪽으로 행해야 한다.

04 ④

※ 연소범위에 영향을 줄 수 있는 인자 및 특성
연소범위는 주위의 온도, 압력, 산소의 농도, 불활성 가스의 투입여부 등에 따라 영향을 받을 수 있다.
1) 온도
온도가 증가할수록 연소범위는 넓어진다.
  [연소하한계 : 약간 감소, 연소상한계 : 상승 (100℃마다 8% 증가)]
2) 압력
압력이 증가할수록 연소범위는 넓어진다.(연소하한계 : 불변, 연소상한계 : 상승)
  (예외) 일산화탄소(CO)는 압력이 증가할수록 연소범위가 좁아진다.

3) 산소의 농도
   산소의 농도가 증가할수록 연소범위는 넓어진다.(연소하한계 : 불변, 연소상한계 : 상승)
4) 불활성 가스의 투입
   불활성 가스를 투입하면 연소범위는 좁아진다.

05 ③

※ 기상폭발
① 가스폭발 : 수소, 일산화탄소, 메탄, 프로판 등의 가연성 기체와 공기와의 혼합기의 폭발
② 분무폭발 : 공기 중에 분출된 가연성 액체의 미세한 액적이 무상으로 되어 점화원에 의한 폭발
③ 분진폭발 : 가연성 고체 미분의 폭발
④ 분해폭발 : 분해성 가스와 같은 자기분해성 고체류는 분해하면서 폭발하며 이는 공기 중 산소 없이 단독으로 가스가 분해하여 폭발
⑤ 증기운폭발(VCE) : 대기중에 대량의 가연성 가스가 유출되거나 대량의 가연성 액체가 유출하여 발생하는 증기와 공기와의 혼합기의 폭발

※ 응상폭발(액상과 고상의 폭발)
① 수증기폭발 : 용융금속이나 고온물질이 물 속에 투입되었을 때에 물은 순간적으로 급격히 비등하므로 이로 인한 상태변화에 따른 폭발
② 전선폭발 : 금속선에 큰 전류가 흐르면 주울열에 의한 고온고압의 금속가스가 발생해 팽창에 의해 충격파가 발생하는 폭발
③ 증기폭발 : 대상이 액화가스일 경우 발생하는 폭발로서 물로부터 에너지를 공급받은 액화가스의 폭발적인 비등현상으로 상변화에 따른 폭발(액상 → 기상)
④ 고상간 전이 폭발 : 무정형 고체가 동일한 고상의 물질로 전이할 때 발열함으로써 주위의 공기가 팽창하여 폭발

06 ④

※ 산화정도에 의한 분류
(1) 완전연소
   공기 및 산소의 공급이 충분하여 연소의 온도가 높으며 가연성 가스가 완전히 산화되어 이산화탄소 등의 연소생성물이 발생되는 연소
(2) 불완전연소
   공기 및 산소의 공급이 불충분하여 연소의 온도가 낮으며 가연성 가스가 완전히 산화되지 못하여 일산화탄소, 그을음 등의 연소생성물이 발생되는 연소

※ 연소 시 발생되는 여러 가지 이상 현상
(1) 역화(백화이어, Back fire)
   가연성 기체의 분출 속도가 연소 속도보다 느리면 불꽃이 버너의 염공 속으로 진입하는 현상

   분출 속도 < 연소 속도

• 역화의 원인
   ① 가스의 분출속도가 느려진 경우
   ② 가스의 공급량이 감소된 경우

③ 노즐이 뜨거워진 경우
④ 관경이 넓어진 경우

(2) 선화[리프트(Lift), 리프팅(Lifting)]
가연성 기체의 분출 속도가 연소 속도보다 빠르면 불꽃이 버너의 염공에 붙지 못하고 일정한 간격을 두고 연소하는 현상

 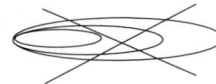 분출 속도 〉 연소 속도

- 선화의 원인
  ① 가스의 분출속도가 빨라진 경우
  ② 가스의 공급량이 증가한 경우
  ③ 관경이 좁아진 경우

(3) 블로우오프(Blow off)
가연성 기체의 분출 속도가 빠르거나 화염 주변에 공기의 유동이 심하여 불꽃이 버너의 염공에 정착하지 못하고 떨어지면서 꺼지는 현상

① 분출 속도 〉〉 연소 속도
② 공기의 유동이 심한 경우

07 ②

※ 황화수소(H_2S, 유화수소)
① 황을 함유한 가연물의 불완전연소 시 발생하며 무색의 가스이다.
② 달걀 썩는 냄새가 나고, 후각을 마비시킨다.
③ 독성허용농도는 10ppm이다.

※ 암모니아(NH_3)
① 질소와 수소 화합물의 연소 시 발생하는 무색의 가스이다.
② 눈, 코, 인후, 폐에 자극이 크다. 산업용 냉동시설의 냉매로 쓰인다.
③ 독성허용농도는 25ppm이다.

※ 염화수소(HCl)
① 폴리염화비닐(PVC)과 같은 염소를 함유한 수지류가 연소할 때 발생하며 무색의 가스이다.
② 금속에 대한 강한 부식성이 있다.
③ 독성허용농도는 5ppm이다.

※ 포스겐($COCl_2$)
① 염소를 함유한 가연물의 연소 시 발생하는 맹독성 가스이다. (세계 2차대전 당시 유태인 학살에 이용)
② 소화약제인 할론104(사염화탄소, CCl_4)를 이용하여 소화 시에도 발생한다.
③ 독성허용농도는 0.1ppm이다.

08 ④

※ 「재난 및 안전관리 기본법 시행령」 제26조 (국가안전관리기본계획 수립)
① 국무총리는 법 제22조에 따른 국가안전관리기본계획(이하 "국가안전관리기본계획"이라 한다)을 5년마다 수립하여야 한다.

※ 「재난 및 안전관리 기본법 시행령」 제73조의6 (안전점검의 날 등)
① 법 제66조의7에 따른 안전점검의 날은 매월 4일로 하고, 방재의 날은 매년 5월 25일로 한다.

※ 「재난 및 안전관리 기본법 시행령」 제43조의14 (재난대비훈련 등)
① 행정안전부장관, 중앙행정기관의 장, 시·도지사, 시장·군수·구청장 및 긴급구조기관의 장(이하 "훈련주관기관의 장"이라 한다)은 법 제35조제1항에 따라 관계 기관과 합동으로 참여하는 재난대비훈련을 각각 소관 분야별로 주관하여 연 1회 이상 실시하여야 한다.

※ 「재난 및 안전관리 기본법」 제71조의2 (재난 및 안전관리기술개발 종합계획의 수립 등)
① 행정안전부장관은 제71조제1항의 재난 및 안전관리에 관한 과학기술의 진흥을 위하여 5년마다 관계 중앙행정기관의 재난 및 안전관리기술개발에 관한 계획을 종합하여 조정우원회의 심의와 「국가과학기술자문회의 법」에 따른 국가과학기술자문회의의 심의를 거쳐 재난 및 안전관리기술개발 종합계획(이하 "개발계획"이라 한다)을 수립하여야 한다.

09 ④

※ 르샤트리에 공식

$$LFL = \frac{V_1 + V_2}{\frac{V_1}{L_1} + \frac{V_2}{L_2}}$$

LFL : 혼합가스의 연소하한계 (%)

V_1, V_2 : 각 가연성 가스의 체적농도 (%)

L_1, L_2 : 각 가연성 가스의 연소하한계 (%)

$$LFL = \frac{60 + 40}{\frac{60}{3.0} + \frac{40}{2.0}} = \frac{100}{20 + 20} = \frac{100}{40} = 2.5 [\%]$$

10 ④

※ 롤오버(Roll over)
- 롤오버는 실의 상부에 있는 가연성 가스가 발화온도 이상 도달했을 때 발화하는 현상이다.
- 롤오버 시 발생되는 복사열은 플래시오버 시 발생되는 복사열보다 약하다.
- 화재의 진행 단계 중 플래시오버(Flash over) 발생 전에 나타나는 현상이다.

※ 플래시오버(Flash over)
- 플래시오버는 공간 내 전체 가연물에서 동시에 발화하는 현상이다.
- 화재의 진행 단계 중 플래시오버(Flash over)는 성장기에서 발생한다.

11 ②

※ 화재하중(Fuel Load)
화재하중이란 가연물(내부마감재와 실내장식물을 포함)의 총량(무게)을 목재로 환산 후 그 구역의 바닥면적으로 나누어 나온 값을 말한다. 이는 화재 시 발생하는 에너지의 총량을 알 수 있으며, 화재하중이 크면 화재 지속시간이 길다는 것을 알 수 있다. 또한 화재하중은 주수시간(량)을 결정하는 중요 인자이다. 건축물의 화재하중을 감소시키는 것은 대단히 중요하다. 따라서, 내장재 또는 실내장식의 불연화 및 가연성 물질을 보관할 때 불연재의 용기에 보관하는 것이 화재하중을 감소하는 대책에 해당한다.

$$Q = \frac{\Sigma(G_t \times H_t)}{H \times A} = \frac{\Sigma Q_t}{4{,}500 \times A}$$

Q : 화재하중$[kg/m^2]$, G_t : 가연물의 양$[kg]$, H_t : 가연물의 단위 발열량$[kcal/kg]$

Q_t : 가연물의 전체 발열량$[kcal]$, H : 목재 단위 발열량$(4{,}500[kcal/kg])$, A : 화재실 바닥면적$[m^2]$

12 ③

※ 가연물 상태별 연소의 종류
1) 기체 가연물의 연소
  ① 확산연소
    가연성 기체가 대기 중으로 확산되면서 공기와 혼합 기체를 형성하며 연소하는 형태이다. 화염면의 전파가 일어나지 않으며, 역화의 위험이 없다. 대부분 기체 가연물의 연소는 확산연소에 해당한다.
  ② 예혼합 연소
    가연성 기체가 미리 산소와 혼합한 상태로 연소하는 형태이다. 반응속도가 빠르고 반응영역의 온도가 높다. 화염면의 전파가 수반되어 역화를 일으킬 위험이 크다.
  ③ 폭발연소
    가연성 기체와 공기의 혼합가스가 밀폐공간 안에 있을 때 점화원에 의해 폭발하면서 연소되는 현상을 말한다. 즉, 다량의 가연성 기체와 산소가 혼합되어 일시에 폭발적인 연소를 일으키는 비정상연소를 말한다.

2) 액체 가연물의 연소
  ① 증발연소
    액체 가연물은 액체로부터 발생된 가연성 기체가 연소하는 형태이다. 보통 휘발성이 커서 비점이 낮은 액체 가연물의 연소 형태이다.

    증발 형태에 따른 연소의 종류
    1. 액면연소 : 용기 내에 담겨진 액체 연료의 표면에서 증발된 가연성 증기가 공기와 혼합하여 연소하는 형태
    2. 등심연소 : 액체 연료를 심지로 빨아올려 심지(등심) 표면에서 증발시켜 연소하는 형태
    3. 분무연소 : 액체 연료를 미립화하여 증발 표면적을 증가시켜 연소하는 형태

  ② 분해연소

비점이 높아 쉽게 증발이 어려운 액체 가연물에 계속 열을 가하면 복잡한 경로의 열분해 과정을 거쳐 탄소 수가 적은 저급 탄화수소가 되어 연소하는 형태이다.

3) 고체 가연물의 연소
  ① 분해연소
     고체 가연물에 가열을 통한 열분해로 생성된 다양한 가연성 가스(기체)가 연소하는 형태이다. 목재, 종이, 섬유, 플라스틱 등 고분자물질 등이 이에 속한다.
  ② 표면연소
     고체의 표면에서 가연성 기체가 발생되지 않아 고체 표면에서 불꽃을 내지 않고 연소하는 형태이다. 불꽃연소에 비해 연소열량이 적고 연소속도가 느려 화재에 대한 위험성은 크지 않다. 목탄, 코크스, 금속분, 숯, 향, 담배 등이 이에 속한다.
  ③ 증발연소
     고체 가연물을 가열 할 때 열분해를 하지 않고 그대로 승화하여 연소하거나 액화 후 발생하는 가연성 증기가 연소하는 형태이다. 열분해 온도보다 융점온도가 더 낮은 물질의 경우에 해당한다. 유황, 나프탈렌, 파라핀(양초), 왁스류 등이 이에 속한다.
  ④ 자기연소
     가연물이면서 그 분자 내에 연소에 필요한 충분한 양의 산소 공급원을 함유하고 있는 물질의 연소형태이다. 외부의 산소 공급 없이도 연소가 진행될 수 있어 연소 속도가 매우 빨라 폭발적으로 연소한다. 질산에스터류, 유기과산화물, 나이트로화합물류 등 제5류 위험물이 이에 속한다.

13 ④

※ 자동화재탐지설비의 경계구역
① 자동화재탐지설비의 경계구역은 다음 각 호의 기준에 따라 설정하여야 한다. 다만, 감지기의 형식승인 시 감지거리, 감지면적 등에 대한 성능을 별도로 인정받은 경우에는 그 성능인정범위를 경계구역으로 할 수 있다.
  ㉠ 하나의 경계구역이 2개 이상의 건축물에 미치지 아니하도록 할 것
  ㉡ 하나의 경계구역이 2개 이상의 층에 미치지 아니하도록 할 것. 다만, 500㎡ 이하의 범위 안에서는 2개의 층을 하나의 경계구역으로 할 수 있다
  ㉢ 하나의 경계구역의 면적은 600㎡ 이하로 하고 한 변의 길이는 50m 이하로 할 것. 다만, 해당 특정소방대상물의 주된 출입구에서 그 내부 전체가 보이는 것에 있어서는 한 변의 길이가 50m의 범위 내에서 1,000㎡ 이하로 할 수 있다.

14 ②

- 전기화재 시 전원 차단 – 제거소화
- 가스화재 시 가스공급 차단 – 제거소화
- 일반화재 시 옥내소화전 사용 – 냉각소화
- 유류화재 시 포소화약제 사용 – 질식소화
- 산불화재 시 방화선(도로) 구축 – 제거소화

15 ①

- 프로스오버(Froth over): 점성이 큰 뜨거운 유류표면 아래에서 물이 끓을 때 화재를 수반하지 않고 유류가 넘치는 현상
- 오일오버(Oil over) : 탱크 내의 유류가 50% 미만 저장된 경우, 화재로 인한 내부 압력 상승으로 탱크가 폭발하는 현상
- 보일오버(Boil over) : 중질유 탱크 화재 시 액면의 뜨거운 열파가 탱크 하부로 전달될 때, 탱크 하부에 존재하고 있던 에멀션(emulsion)상태의 물을 기화시켜 물의 급격한 부피 팽창으로 탱크 내의 유류가 분출하는 현상
- 블래비(Boiling Liquid Expanding Vapor Explosion, BLEVE) : 액화가스저장 탱크의 외부 화재로 탱크가 장시간 과열되면 내부 액화가스의 급격한 비등·팽창으로 탱크 내부 압력이 급격히 증가되고, 최종적으로 탱크의 설계압력 초과로 탱크가 폭발하는 현상
- 슬롭오버(Slop over) : 중질유 탱크 내에 화재로 연소유의 표면온도가 물의 비점 이상 상승했을 때, 물분무 또는 폼(foam) 소화약제를 뜨거운 연소유 표면에 방사하면 물이 수증기가 되면서 급격한 부피 팽창으로 연소유를 탱크 외부로 비산시키는 현상

16 ①

염소산염류와 알칼리금속의 과산화물, 질산염류는 산화성고체로 제1류 위험물이다. 산화성고체는 화재 시 산소 공급원 역할을 하며 가연물과 혼합된 물질은 가열, 충격, 마찰에 의해 폭발의 우려가 있고 알칼리금속의 과산화물을 제외하고는 다량의 물로 소화한다.
그 자체가 가연성이며 폭발성을 지니고 있어 화약류 취급 시와 같이 주의를 요하는 것은 제5류 위험물(자기반응성 물질)이다.

17 ①

- 미군정 시대(1945년~1948년) : 해방 이후 미국 군사정부(미군정)의 신탁통치를 받았으며 소방을 경찰에서 분리하여 최초 로 독립된 자치소방제도를 시행하다.
- 1992년 전국 시·도에 소방본부를 모두 설치하여 광역자치체제로 바뀌었다.
- 경력직 공무원 : 자격과 실적에 따라 임용되며, 신분의 보장 및 평생 동안 공무원으로 근무할 수 있는 공무원을 말한다.
  ① 일반직 공무원 : 기술·연구 또는 행정과 같은 일반 업무를 담당하며 직군·직렬로 구분되는 공무원
  ② 특정직 공무원 : 소방공무원, 검사, 외무공무원, 경찰공무원, 교육공무원, 군무원, 군인, 국가정보원의 직원 및 특수 분야의 업무를 담당하는 공무원으로서 담당업무가 특수해서 자 격·신분보장·복무 등 특별법이 우선 적용되는 공무원
- 징계의 종류
  ① 경중에 따른 분류
    ㉠ 중징계 : 파면, 해임, 강등, 정직   ㉡ 경징계 : 감봉, 견책
  ② 신분관계에 따른 분류
    ㉠ 배제징계 : 파면, 해임   ㉡ 교정징계 : 강등, 정직, 감봉, 견책

18 ③

"긴급구조기관"이란 소방청·소방본부 및 소방서를 말한다. 다만, 해양에서 발생한 재난의 경우에는 해양경찰청·지방해양경찰청 및 해양경찰서를 말한다.

19 ③

※ 재난관리 4단계
① 재난 발생을 사전에 방지하기 위하여 매년 재난대비훈련 계획을 수립하고, 관계 기관과 합동으로 재난대비훈련을 실시한다. - 대비단계
② 재난을 효율적으로 관리하기 위하여 재난유형에 따라 위기관리 매뉴얼을 작성·운용한다. - 대비단계
③ 재난 피해지역을 재해 이전 상태로 회복시키기 위하여 피해상황을 조사하고, 자체복구계획을 수립·시행한다. - 복구단계
④ 재난의 수습활동을 효율적으로 하기 위하여 재난관리자원의 비축·관리 및 긴급통신수단을 마련한다. - 대비단계

20 ①

「재난 및 안전관리 기본법」 제3조(정의) 이 법에서 사용하는 용어의 뜻은 다음과 같다.
1. "재난"이란 국민의 생명·신체·재산과 국가에 피해를 주거나 줄 수 있는 것으로서 다음 각 목의 것을 말한다.
  가. 자연재난: 태풍, 홍수, 호우(豪雨), 강풍, 풍랑, 해일(海溢), 대설, 한파, 낙뢰, 가뭄, 폭염, 지진, 황사(黃砂), 조류(藻類) 대발생, 조수(潮水), 화산활동, 「우주개발 진흥법」에 따른 자연우주물체의 추락·충돌, 그 밖에 이에 준하는 자연현상으로 인하여 발생하는 재해
  나. 사회재난: 화재·붕괴·폭발·교통사고(항공사고 및 해상사고를 포함한다)·화생방사고·환경오염사고·다중운집인파사고 등으로 인하여 발생하는 대통령령으로 정하는 규모 이상의 피해와 국가핵심기반의 마비, 「감염병의 예방 및 관리에 관한 법률」에 따른 감염병 또는 「가축전염병예방법」에 따른 가축전염병의 확산, 「미세먼지 저감 및 관리에 관한 특별법」에 따른 미세먼지, 「우주개발 진흥법」에 따른 인공우주물체의 추락·충돌 등으로 인한 피해

21 ③

제3종 분말의 메타인산의 산소를 차단하는 방진작용 때문에 A급 화재에도 적응성을 가지고 있어서 A, B, C급에 적용이 가능하다.

22 ①

※ 인화점(Flash Point)
가연성 기체와 공기가 혼합된 상태에서 외부의 직접적인 점화원의 접촉에 의해 순간적으로 연소가 일어날 수 있는 최저온도를 인화점이라 한다. 특히 휘발성 물질의 경우 점화원을 접하여 발화될 수 있는 최저온도를 말하며 인화성 액체의 위험성을 나타내는 척도이다.

※ 연소범위(Flammability Limit, 연소한계, 폭발범위, 폭발한계)
가연성 가스와 공기가 혼합기체를 형성함에 있어 연소가 가능하게 만드는 가연성 가스의 농도범위를 연소범위(연소한계)라고 한다. 연소를 가능하게 만드는 농도의 가장 낮은 값을 연소하한계(Lower Flammability Limit, LFL)라 하며, 가장 높은 값을 연소상한계(Upper Flammability Limit, UFL)라 한다. 또한 연소하한계는 그 물질의 인화점에서의 값을 의미한다.

23 ④

※ 플래시 오버(Flash Over, F·O) 현상
(1) 정의
건축물 내에서 화재가 발생하면 실외 화재에 비해 열의 축적이 용이하다. 이로 인해 실내의 온도 상승으로 가연물의 열분해 또는 증발을 촉진하게 되어 어느 순간 실내 전체로 화염이 확대되는 현상을 말한다. 이는 굉장히 순간적인(폭발적인) 착화현상이다.
- 열의 공급에 의해 발생한다.(발생 시 실내의 온도가 800~900[℃]정도 상승)
- 순간적인 착화현상이다.
- 화재의 진행 단계 중 플래시 오버(F·O)는 성장기에서 발생한다.(최성기 직전)
- 충격파는 발생하지 않는다.
- 플래시 오버 발생 시간을 F·O·T 라고 하며 이는 피난허용시간을 의미한다.

(2) 플래시 오버 지연 대책
① 화원의 위치와 크기 : 화원의 크기가 소형일수록 지연된다.
② 내장재의 종류, 열전도율 및 불연화 순서
- 종류 : 불연재료, 준불연재료
- 열전도율이 큰 재료일수록 지연된다.
- 불연화 순서 : 천장 → 벽 → 바닥 순으로 불연화 한다.
③ 개구율 : 개구율이 작을수록 산소 부족으로 연소가 원활하게 일어나지 않으므로 실내의 열축적이 적어 플래시 오버가 지연될 수 있고, 개구율이 클수록 실내에 축적되는 열보다 외부로 유출되는 열이 많으므로 플래시 오버가 지연될 수 있다.

(3) 플래시 오버의 전후 화재양상
- 플래시 오버 전 : 산소가 충분한 상태의 연료지배형화재
- 플래시 오버 후 : 산소가 부족한 상태의 환기지배형화재

24 ③

"제3석유류"라 함은 중유, 클레오소트유 그 밖에 1기압에서 인화점이 섭씨 70도 이상 섭씨 200도 미만인 것을 말한다. 다만, 도료류 그 밖의 물품은 가연성 액체량이 40중량퍼센트 이하인 것은 제외한다.

25 ④

※ 위험도(H)

$$H = \frac{UFL - LFL}{LFL}$$

여기서, UFL: 연소상한계[%], LFL: 연소하한계[%]

수소의 위험도 $H = \frac{75 - 4}{4} = 17.8$

에틸렌의 위험도 $H = \frac{36 - 3}{3} = 11$

디에틸에테르의 위험도 $H = \frac{48 - 1.9}{1.9} = 24.3$

산화에틸렌의 위험도 $H = \frac{80 - 3}{3} = 25.7$

편저자 김진수

〈약력〉

[현] 이패스소방사관 소방학개론 대표 교수
　　 이패스소방사관 소방관계법규 대표 교수
　　 이패스소방사관 소방승진 소방법령Ⅱ 대표 교수
　　 이패스소방사관 소방설비기사 전임교수
　　 수원삼일공업고등학교 소방학개론 출강
　　 이패스특성화고사관 전기직 대표 교수
[전] 한국폴리텍Ⅱ대학 출강
　　 신성대학교 출강
　　 세명대학교 출강
　　 대산전기소방학원 원장
　　 대전제일고시학원 소방학개론/소방관계법규 주임
　　 강원대학교 응급구조학과 소방학개론 출강
　　 대원대학교 응급구조과 소방학개론 출강

〈주요저서〉

- 김진수 소방학개론(이패스)
- 김진수 소방학개론 단원별 기출예상문제(이패스)
- 김진수 소방학개론 최종모의고사(이패스)
- 김진수 소방관계법규(이패스)
- 김진수 소방관계법규 단원별 기출예상문제(이패스)
- 김진수 소방관계법규 최종모의고사(이패스)

2025 진수 소방학개론 최종모의고사

초판 1판 1쇄 인쇄	2024년 10월 22일
초판 1판 1쇄 발행	2024년 11월 1일
지 은 이	김진수
발 행 인	이재남
발 행 처	㈜이패스코리아
	서울시 영등포구 경인로 775 에이스하이테크시티 2동 1004호
팩 스	02-6345-6701
홈페이지	www.kfs119.co.kr
이 메 일	newsguy78@epasskorea.com
등록번호	제318-2003-000119호(2003년 10월 15일)

* 편저자와 협의하여 인지는 생략했습니다.
* 이 책을 무단으로 전재 또는 복제하면 [저작권법] 제136조에 의해 5년 이하의 징역 또는 5천만원 이하의 벌금에 처해지거나 병과될 수 있습니다-.
* 파본은 구입처에서 교환해 드립니다.